0歳から
みるみる賢くなる
55の心得

脳と心を
はぐくむ
日本式
伝統育児法

脳科学おばあちゃん
久保田カヨ子

ダイヤモンド社

はじめに

この本は、『カヨ子ばあちゃん73の言葉』『カヨ子ばあちゃんの男の子の育て方』『カヨ子ばあちゃんの うちの子さえ賢ければいいんです。』の3部作の中から、**ここだけは読んでほしいという箇所を厳選し、コンパクトにまとめた1冊**です。

●日々の育児で疲れきり、ゆっくり本を読む時間もない
●子育てをサポートしてくれる親族も身近におらず、育児に不安がある
●それでも、子どもの才能を豊かに伸ばしてあげたいと願っている

そんなお母さんやお父さんに、**最新の脳科学と日本式伝統育児法にもとづく〝クボタメソッド〟を凝縮**し、短時間でわかりやすく読め、さらに、**孤独な育児が安心に変わるような本**を目指しました。

おかげさまで、「カヨ子ばあちゃんシリーズ」はベスト&ロングセラーとなり、累計25万部を突破。

育児中のお母さん、お父さんだけでなく、昔ながらの育児法に共感された、おばあさん、おじいさんたちからも「孫へのギフトとして渡した」「私が言いたいことをよくぞはっきり書いてくれた」など、勇気づけられるおハガキやお手紙をたくさんいただきました。本当にうれしい限りです。

2011年3月11日に起きた東日本大震災――あの極限状況で、「私がいままで培ってきた育児法を、いましっかり書き残さなければ後悔するだろう」と奮い立ち、緊急出版したのが『カヨ子ばあちゃん73の言葉』でした。

東日本大震災以降も、たび重なる大地震や、桜島、浅間山、箱根山など、活発な火山噴火が日本全国で起こり続けています。

これからもどんな災難がやってくるかわかりません。

お母さん、お父さん方には、将来の子どもたちのことを考え、**それぞれのご家庭で明確なビジョンを持った子育て**をしていただきたいと心から願っています。

どうか、どんな局面にあっても、**〝生き抜く子〟**を育ててください。

また、グローバル化が進む現在、日本だけでなく**世界で通用する人間**を育てる必要があります。受験勉強だけやってきた学歴エリートではもはや通用しません。

これからの日本を担う子どもたちは、幼いうちから自己主張して、自立するよう躾《しつ》けられた諸外国の子どもたちと伍していかなくてはならないのです。

今後の日本を取り巻く厳しい状況の中で、子どもたちは生き残る**強《したたか》さ、賢さ、たくましさ**を身につけなければならないでしょう。

そのための第一歩として、脳が飛躍的に成長していく**0歳から3歳までに、子どもにうまく手をかけてあげること（親の働きかけ）が、とても大事になってきます。**

逆に、この時期までに脳の基礎さえつくっておけば、その後、保育園・幼稚園、小学校と進んでいくときに、それほど苦労しないのです。

こう言うと必ず、「そんな早くから教育ママにはなれない」と言う人がいますが、私はそんな人にこそ、本書を読んでいただきたいと思っています。
この1冊をきっかけに、〝その大いなる誤解から解放〟されてください。

私が3歳までがなにより大切だと言うのは、**脳科学的にも〝3歳までに脳のシナプス（神経回路）密度が最大になる〟ことがわかっているから**でもありますが、じつはそれだけでなく、両親がそれまでに手をかけておいたほうが、**後々いろいろな意味で〝子育てがらくになる〟**ことを、経験上知っているからです。

子どものためだけでなく、**なによりも、お母さんのため**でもあるわけです。

0歳からわが子をよく観察し、本書を参考にしながらお子さんと向き合うことで、**あなたオリジナルの育児法が見つかり、親子の絆も深まる**ことでしょう。

赤ちゃんはみんな、すばらしい才能を持ってこの世に生まれてきます。

この〝ギフト〟をとことん活かし、開花させましょう。

お母さん、お父さん！　赤ちゃんの将来を左右するのは、0歳からのあなたたちの〝働きかけ〟次第なのです。

本書では、**0歳からの育児で心がけてほしい「55の心得」**を4つのパートに分けて紹介しました。

中には、通説とはずいぶん異なると感じられる部分もあるでしょう。

特に、たくさんの育児書を読まれているお母さんたちには、そう思われるかもしれません。

しかし、私は自分の育児法を実践する中で、**多くの子どもたちが自信を持ち、輝き始める姿**を見てきました。

主婦の友社の「リトルランド」や城南進学研究社の「くぼたのうけん」などで**20年以上にわたり3000人以上の赤ちゃんに実践**しています。

ぜひ、**昔ながらの五感と脳科学を活用したクボタメソッド**を実践してみてください。

巻末には、**「脳科学の権威・久保田競の脳と心をはぐくむコラム」**と、子どもの野菜嫌いに悩むお母さんたちに向けて、私の家で大人も子どもも喜んでずっと食べていた**「お母さんも子どもも笑顔になる！　カヨ子ばあちゃんのらくチ～ン！　野菜レシピ14」**を収録しました。

０～１歳児について、さらに具体的な育児法を知りたい方は、『赤ちゃん教育――頭のいい子は歩くまでに決まる』（ダイヤモンド社刊、２０１５年６月）をぜひご活用ください。

本書が、子育てに悩んでいるお母さん、お父さんたちの一助となり、多くの赤ちゃんが、自信に満ちてたくましく成長されることを、心から願っております。

２０１５年11月吉日

「脳科学おばあちゃん」
久保田カヨ子

『0歳からみるみる賢くなる55の心得』……目次

パート1　日本式伝統育児で「生き抜く心」をはぐくむ15の心得

パート2 自らの生を喜び、「感謝の心」をはぐくむ15の心得

パート
3

子どもの脳力が120%アップする15の心得

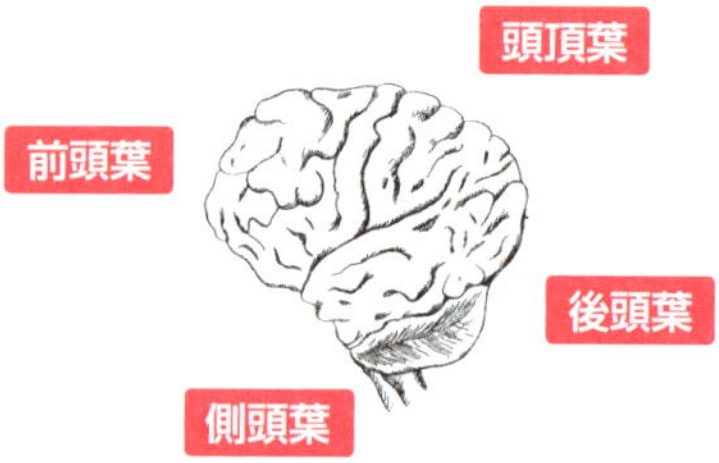

パート4 勉強ができて、心の強い子に育つ10の心得

脳科学の権威・久保田競の 脳と心をはぐくむコラム

特別付録

パート
1

日本式伝統育児で「生き抜く心」をはぐくむ

15の心得

01

〝らくして子育て〟をどんどん取り入れるべし

赤ちゃんはオギャーッと生まれて、すぐに歩くわけではありません。だから子育ては手がかかるのです。

昔は便利な家電もなく、おんぶをしながら働いていました。赤ちゃんはおぶわれながらお母さんのしぐさ・ふるまいを見て、話し声や鼻歌を聞き、目や耳の訓練をしていたわけです。赤ちゃんのおなかはお母さんの背中に押しつけられているので、空腹も感じない。そして、お乳を飲むときにはたくさん飲んでくれます。

いまは母子手帳を見ると、ミルクを10cc飲んだ、20cc飲んだと書いてあります。「アホか」と言いたい。「泣いたらお乳を」と保健所でも指導しているので、そういうことになるのです。そんなことは暇《ひま》だからこそできること。もっとおなかを空かせてから与えたほうが回数は少なくてすみます。

おむつはずしでも、昔は布おむつで洗濯が大変だったから、1歳かそこらで訓練させました。おむつが早く取れるのは、よいお母さんの勲章でした。

これも、「らくしたい」というお母さんの気持ちから生まれた子育ての知恵です。**「らくしたい」という気持ちに罪悪感を持つ必要はない**のです。

02

子育てほど面白いもんはない！
これぞ女の特権や

「赤ちゃんが生まれてからは友達と会うことも減り、帰りが遅い夫とは話す時間もない。なんだか社会から隔絶され、置いてきぼりにされている気がする」

そんなふうに感じているお母さんたちが多いようです。

そして、子育てでイライラし、帰宅した夫に「もっと早く帰ってきて、子どもをお風呂にでも入れてよっ！　いつもいつも私ばっかり」と不満をぶつける。

私に言わせたら、「なんともったいないことを！」です。今後の日本の将来を担う子どもを育てることは、なによりも大切な**〝社会活動〟**。それに、泣いたり笑ったり、お母さんの働きかけの一つひとつに素直に反応して、日々成長していく赤ちゃんを育てるのは、とてもやりがいのある仕事です。その子の将来が、お母さんの手のかけ方で違ってくるのですから。

これは自分の代わりはいくらでもいるという、会社の一歯車として働く以上の喜びです。私の夫も研究ひとすじでしたが、**「こんな面白いもん、ダンナなんかに取られてたまるか！　子育ては女の特権だ」**と思っていました。〝好いた男〟の子じゃない、〝自分〟の子だ、と開き直ってみてはどうでしょうか。

03

赤ちゃんを大事にしすぎちゃ、アカン

生まれてすぐの赤ちゃんには、いろいろな原始反射が備わっています。
お乳がうまく吸えるように、口にふれたものには吸いつく〝吸《きゅう》てつ反射〟や、手のひらや足の裏をツンツンと指でさわるとつかもうとする〝把握《はあく》反射〟など。生後4か月くらいになるとなくなるので、これらの反射をおおいに利用して、ストロー飲みを覚えさせたり、握る力を鍛えたりするのもいいでしょう。

さて、原始反射の中には、少し大きな音がすると、身体をビクッとさせて両手両足を大きく広げる〝モロー反射〟というものがあります。このモロー反射に逆に親が驚いて、赤ちゃんをびっくりさせないよう、必要以上に音を立てないように気をつけて生活している人がいます。

モロー反射は、自然なことですので、まったく心配することはありません。逆に、**赤ちゃんをいろんな音に慣らしていったほうがいい**のです。モロー反射が起こったときは、抱きあげたりせず、**そのまま放っておいて大丈夫**です。

赤ちゃんに気を遣い、生活音を立てないように暮らすことは、わざわざ子どもを神経質になるよう育てているようなものなのです。

04

なぜ、わざわざ離乳食をつくるんですか？

赤ちゃん用品売り場には、かわいらしいすりこぎや裏ごし用のザル、すり下ろし器がセットになったさまざまな〝離乳食調理グッズ〟があります。2、3歳の子を持つお母さんの中には「離乳食づくりが一番イヤだった」と言う人もいます。

いったいいつから、わざわざ離乳食をつくるようになったのでしょうか。昔のお母さんは自分たちの食事をチュチュッと口の中でかみ砕いて、それをわが子に与えたものです。歯《は》が生える前なら、虫歯ができることを気にしなくていいでしょう。

お母さんの唾液には、母乳にも含まれている〝抗体《こうたい》〟が入っています。抗体には、私たちの身体を病原体から守る大切な働きがあります。**お母さんの口の中の食べ物を赤ちゃんに与えることで、お母さんの抗体を赤ちゃんに伝えることにもなる**わけです（ただし、抗生物質を服用したり、感染症にかかっているときは別です）。

「大人用の食事ではアレルギーに対応できない」と言う人もいるかもしれません。本当にいま、アレルギーのある子が増えています。しかし、「あれもこれも食べられない」と言っていては、緊急時にサバイバルできません。***少しずつ慣らしてアレルギーを少なくすることも、親が与えてあげられる〝生き抜く知恵〟**なのです。

*アレルギーについては個人差がありますので、アレルギー医学にくわしい医師とよくご相談ください。

05

6か月で卒乳させると、あとがらくになるんよ

最近は、1歳、2歳になっても卒乳させない人もいるようです。私は、それは赤ちゃんと離れたくないお母さんの甘えだと思います。

栄養的には離乳食が始まったら、もう卒乳してもいいのです。

だいたい、そんなに長い期間オッパイをあげていたら、お母さんのスタイルの魅力もなくなってしまいます。

卒乳後も、お母さんの女性としての一生は長いのです。母として女性として、楽しく育児をしてほしいのです。そのためにも、**卒乳は生後半年くらいでやっていただきたい。**

子育て中のお母さんは、どうしても目の前の育児に精一杯で後先が見えなくなりがちです。特に、真面目なお母さんほどそうです。

でも、子どもが3歳までの期間なんて、長い人生の中ではほんの一時《いっとき》。卒乳についてもそうですが、お母さんには、その後の長い人生のことも考えてほしいのです。子どもはだんだんと自立して、お母さんのもとを離れていきます。

ダラダラ授乳し続けるのはやめましょう。

06

無理して夜9時前に寝かせなくてもよろしい

よく育児書には、「子どもは遅くとも午後9時までには寝かせ、規則正しい睡眠・起床リズムを身につけさせましょう」と書いてあります。

そのため、お母さんは、お父さんが午後9時に帰宅すると、ようやく寝かせた子どもを起こさないよう、「シーッ！　子どもが寝てるんだからソーッとねっ！」と目くじら立ててテレビの音量を下げにいく、こんな家庭があるかもしれません。

確かに、早寝早起きは大事ですが、そんなものは幼稚園や小学校に通うようになると、次第に身につくものです。

家庭にいる場合は、そうそう無理に午後9時前に寝かせなくてもよろしい。**仕事で疲れて帰ってきたお父さんだって、無邪気な子どもと少しは遊びたいでしょう。**子どもだってそうです。

午後9時に帰宅したお父さんと、1時間ほどおしゃべりしたり、お風呂に入ったりして、午後10時ごろにお母さんと一緒に寝たらよろしい。**特別なことをしない自然な寝つきと自然な寝起きが健康な子どもをつくる**のです。

07

「抱っこ」よりも「おんぶ」がいい理由

昔は、子どもをおんぶして育てました。おんぶだと両手が空くので、手を使った作業ができるからです。私が抱っこよりおんぶをすすめる理由は、抱っこだと親の動作を逆向きに赤ちゃんが見ることになるので、マネができないからです。

子どもになにかさせたいときは、**親が同じ方向を向いて見本を見せる**ことが大切です。たとえば、鉛筆やお箸《はし》を持つ、といったときも、親が子どもと向き合ってやってみせるのではなく、子どもの後ろに親が座り、同じ方向を向いて持って見せないと、同じようにマネすることができません。おんぶだと、子どもと親は同じ方向を向いているので、親の動作を見ながら子どもは頭の中にそのしぐさをインプットして、そのままマネできるのです。**行動や動作を見てマネをするという、脳内の〝ミラー・ニューロン・システム〟が働く**わけですね。

また、おんぶだと、お母さんが立ったり座ったり、移動したりするたびに、背中ごしにキョロキョロといろんなものを見ることもできます。抱っこだと、視界の中心はお母さんになってしまいます。時には、〝ヒモなしおんぶ〟で赤ちゃんのバランス感覚も鍛えてあげましょう。

08

〝泣きおとし〟に屈しちゃ、アカン

記憶力がよくなり、お母さんへの愛情もわき、いろんなことがわかるようになってきた赤ちゃんの中には、お母さん以外の人を嫌がる〝人見知り〟をする子もいます。

それまで泣くことは、おなかが空いていたり、おむつが濡れていたりといった不快なことを表現する手段だったのですが、このころから赤ちゃんは〝甘え泣き〟をし始めることがあります。


自分が泣けば、お母さんが抱いてくれたり、自分にかまってくれることを知り、自分に注目してほしいために泣くのです。

お母さんでないと嫌がり、お母さんへの愛情を示す行動ともいえ、知恵がついた証拠です。しかし、〝甘え泣き〟をするたびに、すぐにそばに行って抱っこしていると、甘えぐせがついてしまいます。

赤ちゃんが**不快で泣いているのか、甘え泣きなのか、その泣き声から見極めて、甘え泣きならしばらく様子を見る**ようにしましょう。

10分も休みなく泣いているなら、体力も集中力も相当ついているはずです。

〝よく泣く〟と嘆かず、わが子の体力に拍手しましょう。

09

〝かむ力〟は、スルメやリンゴで鍛える

昔と比べて、かまずに飲み込める歯応えのない食べ物が増えたせいか、〝かむ〟ことが苦手な子どもが増えているようです。

私の息子が小さいときは、かむ練習用に、分厚いステーキをちょうど手で持てるサイズに切ってウエルダンに焼き、それを持たせていました。肉はおいしいので、口の中でチュウチュウとかんで食べていたものです。

他にも、**スルメや昆布**などを持たせておくのもおすすめです。できるだけ塩気が少ないものがいいでしょう。

かめばかむほど味が出るものを持たせることで、子どもは喜んでかみ続けます。もちろん、誤飲防止に、お母さんがそばについていてください。

また、歯が生え始める時期に〝歯固め〟としてスプーンを持たせるといいのですが、**リンゴを厚さ2センチくらいの輪切りにして皮をむき、芯をくりぬいたものを歯固め**として持たせてもいいですね。

プラスチックの歯固めオモチャと違い、おいしいリンゴなので、赤ちゃんも喜んでかんでくれるはずです。

10

「やってはいけません」は、言ってはいけません

なんでも「いけません」と言う親がいますが、私は「よほど危険なことでない限り、逆になんでもやらせてみてください」と言います。いろんな刺激を受けることで、脳は発達します。

たとえば、紙を破る面白さを見つけた子どもには、破られてもいい新聞などを与えて破らせましょう。**「破る」「引き裂く」「ちぎる」は、手や指の動かし方や力の入れ具合のいいトレーニング**になります。

また、壁にお絵描きをされそうになったら、「ダメ！」と言いたくなりますが、壁にお絵描き用の紙を貼っておけば、「好きな絵を描いてごらん」と言えます。

壁に貼った紙に、ひざの屈伸を使って上下になにかを描くのは、イスに座って机上の紙に描くのとは違い、手や足だけでなく、**目の上下運動にもなるのでおすすめ**です。

小麦粉粘土や泥んこ遊びなども、「やってはいけません」と言う前に、「やってごらん」と言えるような環境をつくってあげましょう。ふだんの生活では味わえないような感触に存分にふれることは、皮膚感覚を鍛えるためにも非常に有効なのです。

子どもが面白がるものを用意して、どんどんやらせましょう。

11

歯みがき嫌いは〝海苔《のり》〟で直す

時々歯みがきを嫌がる子どもがいます。お母さんは、虫歯になったら歯は痛くなるし、歯医者さんで痛い治療を受けないといけなくなるからと、一生懸命歯みがきの大切さを説明するのですが、それでも嫌がります。

私がおすすめしたいのは、海苔がたくさんついた**海苔ごはん**を食べさせることです。そして、その海苔がたくさんついた口のまま、白いお茶碗などでグチュグチュうがいをさせます。そのまま口をゆすいだ水を白いお茶碗に出させると、海苔がいっぱい入った水を自分の目で確かめることができます。

「うわあー、いっぱい黒い海苔が残っているねー。じゃあ、歯みがきしよっか」

と今度は歯みがきをしてから、同じことをやらせます。

歯みがき後の水は、海苔がさっきより入っていないことを、子どもは自分の目で確かめることができます。

言葉で説明するよりも、こちらのほうが子どもの視覚に訴えることができるので、案外素直に聞いてくれると思います。

子どもの歯みがき嫌いに悩むお母さん、ぜひ一度トライしてみてください。

12

オモチャを次々と与えるのは、子どもをアホにするだけ

夫のアメリカ留学時に、よく友人を招いたホームパーティをしました。

そのため、わが家には大小取りそろえた45ピースの鍋やフライパンがありましたが、ふだんはそんなに使いませんので、息子のオモチャにしていました。

息子はその本物の鍋を使って料理をつくるマネをしたり、フタをハンドル代わりにして自動車ごっこをしたりして遊んでいたものです。

子どものおもちゃは、なるべくシンプルでいろんな使い方ができるようなものがいいでしょう。さまざまな機能がついた電池で動くオモチャも売っていますが、子どもはすぐに飽きませんか？　そしてまた「別のオモチャを買って」とせがまれて買う。

これでは、オモチャを使って、子どもが想像力や記憶力を働かせて遊ぶ機会を奪っているようなものです。**アホな子になるよう育てているのと同じ**です。

何度もくり返して遊び、同じものを使った別の遊びを自分で工夫することで、記憶力を鍛えたり、想像力が養われたりします。

お母さん自身も身近なペットボトルや端切れを利用するなどして、手づくりオモチャに挑戦してみてはどうでしょうか。

13

お父さんが家族の大黒柱であることを、子どもに教える

わが家も、高度経済成長期の多くの家庭同様、夫は毎晩実験や研究で帰宅は遅く、子どもたちと遊んでやるなんてことは、アメリカ留学時代以外、ほとんどありませんでした。

だからこそ、父親がいないときに私は、「パパが今日も遅くまで仕事をしてくれているおかげで、ごはんを食べたりお洋服を買ったりできるのよー」といったことを、事あるごとに子どもに教えていました。

不在がちでも、〝お父さん〟は家族の一員で大黒柱なのです。そのことを子どもに言わないから、子どもが父親になつかないようになってしまうのです。

「ママ、パパに相談したいことがあるのに、遅いわねえ。早く帰ってこないかな」など、まだ子どもが小さいうちから言っておくのです。

私は、子どもが朝寝坊できる、幼稚園や小学校に上がる前は、夫がどんなに遅く帰っても、子どもが起きているときは玄関で、「おかえりなさい」を言わせていました。

家族のために働いているお父さんを、絶対ないがしろにしてはいけません。

14

受験に失敗したとき、次のステップに進めるのが〝賢い〟子

テレビ番組に出演したときに、「息子を東大へ行かせた」というところが強調されたために、私のことを〝赤ちゃんのときから東大へ行かせるための早期教育〟を提唱している教育ババアだと思っている方がいるかもしれません。

とんでもない誤解です。受験のための勉強というのは一つのテクニックにすぎません。与えられた問題に早く正確に答えを出せばいいだけです。

しかし、**社会では学校の成績よりも、健康で賢脳で世渡り上手な人間が求められます。そのために3歳までにその素地をつくっておこう、と言いたい**のです。

小学校から受験をさせたい、という相談を受けることがあります。将来を見すえた教育ではなく、その場しのぎの受験テクニックを教える教室に通い、親の方針として受験させる、というのもアリだとは思います。

しかし、いい学校に入ったから一生安泰、という時代は終わりました。本当に〝生き抜く力〟を持った子に育てたいならどうすればいいか、いま一度考えてみてください。受験に成功する子が〝賢い〟子なのではありません。**受験に失敗したとき、柔軟に対応して次のステップに進めるのが〝賢い〟子**なのです。

15

下痢のときには、カヨ子式〝こんにゃく温湿布〟

よくおなかを下す子どもがいます。寝ている間におなかが冷えるのでは？　と、ふとんをかけても、すぐにけって、またおなかを出す。腹ばいの赤ちゃんも、床の冷えを直接受けて、下痢ぎみになります。

こんなとき、市販のカイロなどでは、ちょっと子どもには熱くなりすぎます。私は、よく**〝こんにゃく温湿布〟**をしてやりました。

板こんにゃくを3枚ほどボイルして、ほどよい温かさにし、それをビニール袋に入れてタオルで巻き、おなかに当てておくのです。腹巻きやちょっとした腰ヒモなんかでくくりつけて、固定できるといいですね。

ひと晩ずっと、温かさは持たないので、下痢がひどい場合には夜中に取り替えてやる必要があるかもしれません。じんわりとこんにゃくのぬくもりが子どものおなかに伝わり、スヤスヤと寝てくれるはずです。

何度も温まったこんにゃくは小さくなってきますが、そのあとに食べてもおいしいです。**食物繊維の豊富なこんにゃくは食べてよし、貼ってよしのお得な食材**です。

パート
2

自らの生を喜び、「感謝の心」をはぐくむ

15の心得

16

思いやりの心を育てる

私の赤ちゃん教室には、積み木があります。

0歳児のときから、3日に1回は、それで誰かが遊んでいます。

一辺が4㎝の立方体で、最初はお母さんがお遊びをします。

積み上げたり、同じ色同士で並べたり。

赤ちゃんが気づくまで、これみよがしに、楽しそうに。

そのうち、赤ちゃんがそれに手を出すと、初めは「さわらないでね」と赤ちゃんを抱き、その手を遠ざけます。そして、またお母さんが遊ぶのです。

赤ちゃんを横抱きにした状態で、赤ちゃん自身が自分の意思で手が動くようになると、必ず邪魔をしてくるので、「イヤ、取らないで」と、その手をはねのけます。

月齢の小さな赤ちゃんは、いったん、仕方なく手の動きを止めます。

その後、機嫌を損《そこ》ねたように、全身で抱かれていることから逃れようとします。

これは誰もがすることですが、もしお座りができる月齢（4～5か月以降）になってもできない場合は、成育過程を注意深く見る必要があります。

これらは、**お母さんがなにをしているのか、お母さんがなぜそんなに楽しそうなのか、ということを赤ちゃんに気づいてもらい、お母さんや他の人が、なにをどう思っているのかを察するための訓練**になります。

特に、母子ですごす時間が長い**長子は、他の人の心を読む、思いやる、察することのできる子に育てることが大切**です。

やさしい子に育てるには、親がやさしいだけではいけません。

親に厳しさがなく、いつも笑顔ばかりだと、子どもはその笑顔からしか親の内面を察知できず、結局子どもは、お母さんの心を察することのないまま、甘やかされることだけを身につけてしまいます。

また、生後1か月しか経っていない赤ちゃんがぐずったとき、そのまま抱き上げ、ゆらゆらと動かしたり、泣き声に合わせて上下左右に揺すったりしてしまいがちです。

しかし、まだ首がすわっていませんので、これはやってはいけません。

この時期は、モロー反射（↓19ページ）で泣くことが多いので、**もし泣き始めたら、まず、どこか痛いところがあって泣いているのではないか**と注意します。

手足を硬直させて泣くときは、手を胸元に持っていき、静かに押さえつけます。子宮の中にいたときの丸まった姿勢に近づけるのです。

そうやって、**泣きやむまで静かに抱きしめるだけでいい**のです。

抱きあげて、速く揺するのは、やめましょう。

これは、〝泣き虫ベビー〟にしてしまうことになります。

抱いて揺らして泣きやんでも、決して、乳児が喜び、安心しているのではありません。

静かに落ち着かせて、自分のいまの状態を知らせることが大事で、もう半年も経てば、それが赤ちゃん本人への思いやりにつながるのです。

生きるための力を、早く身につけさせるわけです。

17

集中力のある子にするには？

カメラマンにきてもらって、**生後20日の義人《よしと》くん（私の赤ちゃん教室で特に出来のいい〝スーパーモデル〟1号）の把握反射《はあくはんしゃ》（原始反射の一つで、赤ちゃんの手や足になにかがふれると、それを握ろうとして指を曲げる動き）**を撮りました。

よく太った義人くんは、私の要求に応じて、15分間もすばらしい反射の動きをしてくれます。そのうちぐずり出すので、授乳しておむつを替えると、すぐに眠ります。撮影15分、授乳15分、眠り15分の計45分で、1回のサイクルです。

カメラマンは15分の仕事。授乳して眠っている間に、他の子のスナップ写真を撮ります。

〝スーパーモデル〟以外の子は、発達過程に問題があって教室にきた子たちで、ぐずりながらも私に抱かれますが、私の働きかけにはあまり応えてくれません。

それなのに、みんな生意気に人見知りをします。

次のステップの行動に移そうとして、私がお母さんに働きかけや体の動かし方を教えている間も、なかなか落ち着きません。

慣れない家の外での生活に人見知り現象を見せるのは、周りをしっかり見て情報収集していないからです。

赤ちゃんでも赤ちゃんなりに観察能力はあります。

この世に誕生したあと、周りにチヤホヤされますが、乳をくれる人以外は〝得体の知れない人たち〟なのです。集中力をつけるゆとりもなく、月日を重ねてきたのです。

総じて**集中力のある子は、あまりモノに動じず、五感が発達しています。**

湯ざましを飲ませても、ストロー飲みをさせても、口触りが悪いと不快感を表情に出します。私に慣れるのも早く、2〜3回会って同じ経験をすればもう拒絶しません。

また、自分の環境の違いをいち早く感じます。

〝スーパーモデル〟になれる乳児も集中力が不可欠。同じ人を見て泣き出すことは、すぐにしなくなります。

このように**集中力の強さは、1回の体験、あるいは、それを何度もくり返して、ど**

のくらいの情報を記憶できるかで大きな差が出ます。

私の教室にいる2人の〝スーパーモデル〟の集中力はズバ抜けて強く、3歳児教育の内容を2歳半くらいでやっています。

単純なことですが、『脳研イス（0歳児に集中力をつけてもらうためにつくった、赤ちゃん教室で使うオリジナル木製イス）』に座り、背筋を正しく保ったまま机で作業をさせます。

それを、およそ40分も続けます。

普通、3歳未満の子は、10分くらいで「ママは？」「オシッコ！」などと言い始め、同じ年の子や年上の子でも、連鎖反応でゴソゴソと上半身を動かし始めます。

そのとき、「プツン」とみんなの集中力が切れるのです。

しかし、**40分も姿勢を正しく保てた〝スーパーモデル〟**は、周りに目もくれずノルマを完了します。

また、汗をかいて懸命に一気に乳を吸う赤ちゃんも、集中力をつけようとするこちらの働きかけに、十分に応じてくれます。

私は集中力について、本人の好きなことを続けられることに対し、〝集中力がある・ない〟という評価はしません。

好きなことを長く続けることは、当たり前のことです。

命じられたこと、あまり好きでないことでも、しっかり長時間取り組めることを〝集中力がある〟と評価します。

初めて机に向かったときの働きかけに、40分も応じた〝スーパーモデル〟のあかりちゃんは、意外なことに興味を示して、私を何度も驚かせました。

満2歳くらいではっきり個性が出てきます。

私の働きかけに対する理解も早く、〝姿勢を正しく〟との教えに、

「コラ、曲がってるぞ」

と言っただけで背筋をピンと正します。

懸命にいろいろやっていても、私への注意は的確で、私が目指すところの**〝一つのことをやりながら他のこともやる〟**いわゆる**〝ながら族〟**になる素質を持っている、

〝鼻タレ聖徳太子〟になってきました。

甘えた次男坊で〝スーパーモデル〟1号の義人くんは、素敵なやさしさを持った3歳児になりました。

2人とも、教わるときには、親の干渉をとても嫌がるのです。

18

どんな子にも、光るものがある

障がいのある子は、正常な発達をした子が自然に覚えるようなものを懸命に教えても、なかなか同じように学べません。

私が住む地域には、ある障がい者施設があり、そこには脳性麻痺《まひ》やいろいろな障がいのある方がたくさんいます。

私は、時々、そういう子に会うことがありますが、「ジッとしときなさい！」と言っても動き回ったり、奇声を発する子がおり、年齢を聞いたら20歳《はたち》をすぎていたりします。

医師から「長くは生きられない」と言われた重度の障がい児が、20歳をすぎても生きることができるなら、20歳の肉体を維持できる脳の働きがあるのです。

わずかでも、なにかの努力はできるはずです。

その子に適した教育のやり方次第で、たとえゆっくりでも知的な進歩は見られると信じています。

3歳のときの事故が原因で、重度の外傷性てんかんと知的障がいが残ったケンちゃんとは、**彼が9歳から15歳のころまで、毎日一緒にすごしました。**

ケンちゃんは、医師から「20歳まで生きられないかもしれない」と言われていましたが、現在52歳です。

「この子を残して死ねない」と言っていたお父さんは、2012年に、ケンちゃんを残して旅立ちました。

出会ったころのケンちゃんは、ひとりでトイレにも行けなかったのですが、このまま成長すると両親、特に母親が大変になります。

彼の3歳までの経験をもとに、私は懸命に、少しでもできることから教え込みました。

いまは、不随意性筋収縮（不随意かつ発作的に筋肉が収縮すること）の発作で施設に入っていますが、3年前に会ったときも私のことはよく覚えていてくれて、うれしい笑顔で挨拶してくれました。

ケンちゃんが現在まで生きているのは、脳の発達のおかげです。

なぜかと言えば、もっと脳の状態が悪かったら、そんな年齢まで生きられないからです。

生きているということは、なにかを教えられるということです。

「教え方がわからない」ではなく、この子には生きていくために、他の子どもと同じように目も鼻も口もついています。

0歳の子が1か月で覚えたものを、こういう子は1年経ってもなかなか覚えられないという差があるだけです。本当に少しずつですが、覚えていきます。

なにも覚えられなかったら、死んでいるはずです。

通常なら、50歳までは生きられないのです。

50歳まで生きられるということは、50歳の肉体を維持するだけの力が、脳と体にあるということなのです。そうでなければ、死んでしまうのですから。

このような子どもたちに対し、教育者や医者はどのような手助けができるのでしょうか?

これは私の宿題です。

この本の読者の方々に知っておいてほしいのは、**どんなに障がいがあっても、その子なりに生きていて、この世に生を授かったという意味では、みなさんと一緒だということ**です。

世間では、不幸にしてそういうふうに生まれたと言いますが、私から言わせてもらえれば〝不幸にして〟ではないんです。

読者のみなさんと同じように、この世に生を与えられ、生まれてきたのです。

生まれたからには、なんとかして生きなければならない。

〝不幸にして〟こういう子に生まれたんじゃないんです。

私をこういう体に生んでくれと言って、生んでもらったわけじゃないのですから、〝不幸にして〟という言葉を安易に使う人は嫌いです。

そういう言葉を使う人は、どこかで「かわいそうに」と思っているのです。

そうではなく、生きた肉体を持った子どもを産んだのですから、生を授かったということでは一緒なんです。

ただ、扱い方や接し方がちょっと違うだけです。

たとえて言えば、視覚障がいのある子どもに「あれを見ろ、これを見ろ」とは教えませんよね。

それと同じように、その子がいまはできなくても、なにか自分を伸ばすような糸口が必ずあると思います。

その糸口を、周りの人が探してやらねばいけないのと、基本的な考え方として人間はオギャーと生まれてきたときから、誰でも同じ生きていく権利があることを、頭の中から消してはいけないということです。

そういう気持ちで見ると、どんな子でも、その子の持っているキラリと光るものが見つかると、私は信じています。

19

敬語の大切さを実感させる

私は、若い人に、強く、時には辛辣《しんらつ》に切り捨てるようなモノの言い方をします。

自分が還暦をすぎるまでは、**目上の人に逆らわず、モノの言い方もやわらかく、敬語に近い言葉を日常的によく使っていました。**

私のテレビ出演のイメージから、意外に思われる方がいるかと思いますが、本当です。**特に子どもに対しては、ていねいな言葉遣いを心がけています。**

でも、昔はこれでよかったのですが、最近はどうもていねいな言葉の〝本来の意味合い〟が理解してもらえず、昔ながらの敬語が通じなくなりました。

私自身は戦前生まれですが、当用漢字（第2次世界大戦後に国が定めた漢字）ができてから、言葉の使い方が乱れてきたように感じています。

お母さんたちから「〝叱り方〟を教えてください」と言われると、私は困ってしまいます。

特に女の子が興奮して乱暴な言葉を吐き出すと、「あ〜あ、言葉遣いを直すのは大変だ」と思いますが、**言葉の使い方はもとより、言葉をはっきり発音させることも大**

切だと、親御さんに話します。

60代以上の家族との交流がある場合は、**ふだんからお互いに敬語を使うようにしてほしい**と思います。

私の家の近所に、最近ではめずらしい大家族の一家がいます。

祖父は厳格でワンマンな人です。孫は毎朝手をついて、

「おはようございます」

と挨拶し、祖父は、

「おはよう。今日も1日がんばれよ」

と頭をなでていました。

思春期に入り、他人にモノを言いにくくなる12〜13歳ごろの男の子は、道端で声をかけても、挨拶が返ってこないことが多いのです。

「おかえりなさい。今日は暑かったね」

と言えば、女の子はたいていい返事をしてくれるか、ペコンと頭を下げますが、男の

子は無視、またはよそ見をして聞こえないふりをします。

そんなとき私は、ますます声を大きくして対抗します。

しかし、**この大家族一家の子どもたちは、「ただいま帰りましたぁー」と、私より早く挨拶してくれます。**

車ですれ違うときには、私が車を止めて窓を開け、

「おかえりなさい。おばあちゃん、これからお買い物にいくのよ」

と言うと、

「いってらっしゃーい。気をつけてね」

と応えてくれました。

この子たちは大学へ進学せず、専門学校へ行きましたが、就職してよく働き、相変わらず明るく、毎日が楽しそうでした。

そのうちに結婚して、曾孫《ひ》が生まれ、大家族の居間はますますにぎやかになりました。

父親もおじいちゃんとなり、「90歳まで生きるんだ」と言っていた祖父が、ある日、「耳が遠くなってよかった」とつぶやきました。

私が「なんで?」と聞くと、

「私がよしとしない孫たちの言葉遣いを、聞かなくてすむから」

と言いました。

おじいちゃんが、会話に入らなくなってしばらくしてから、孫たちの会話から丁寧語が消えたのです。

おじいちゃんの耳がまだよく聞こえていたころは、たとえば弟が兄へ、「お兄ちゃん、これ、お兄ちゃんのでしょ?」

と言っていたのが、兄の名を呼び捨てにしたり、「おまえ」と言ったりするようになったというのです。

祖父母は、孫の教育に口出しするのではなく、言葉遣い、特に〝返事を相手へわかるように、はっきり完結させて伝える〟よう指南役を買って出てください。

私は18歳の孫がモゴモゴとはっきり話さないときは、

「このごろ、おばあちゃん、耳が遠くなったみたいでよく聞こえないから、もっと口を大きく開けてしゃべってちょーだい」

と強要しています。

「たとえ相手が返事をしても、はっきり聞こえているかわからないから、相手の顔を見て、目の動きから判断することが大事」と教えてください。

たとえば、私の夫は本当に生返事が多いので、私はその都度、

「ハイ、いま、私が言ったことをリピートしてください」

と言っています。

おじいちゃん、おばあちゃんは、年を恥じずに、堂々と老いて、孫が敬語を使うよう導いてください。

きっと孫の将来に役立つはずです。

人は、年上に認められてこそ、自己表現する場を得られるのです。

20

父親の運動神経をひけらかせ！

一般的に、女の子よりも男の子のほうが筋力もあり、運動好きです。重いモノも〝てこの原理〟を応用して、要領よく動かしたりします。**スポーツを含めた体をダイレクトに動かす運動は父親が教え、五感をともなった感覚的なことは母親が教える**といいでしょう。

このときこそ、**父親は自分の運動神経を子どもにひけらかすチャンス**です。子どもに「パパ、スゴイじゃん！」と思わせることは、とても大切なことです。

たとえば、ボール投げを教えるのは、父親の役目になるでしょう。腕や手の位置、足の動かし方と体重移動、肩と腕の連動した動き、手首のスナップのきかせ方、コントロールの定め方など、実際にやってみせて、子どもに覚えさせなくてはなりません。これは、座って投げる場合も同じです。

当然ですが、この場合、子どものときからキャッチボールなどをして遊んでいた父親のほうが、母親よりうまく教えられます。

とにかく子どもは、見よう見マネで、いろいろな体の動きを覚えていきます。

また、**運動における成功談や失敗談も、〝理解できる・できない〟は度外視して、どんどん語りかけてください。男の子は父親の見えない部分にも興味を持つので、二足歩行ができるころから意識して話しかけてください。**

たとえば、

「パパは、野球よりサッカーが好きだったから、サッカーをやったんだよ。サッカーは、試合中、ずっと走っていなければいけないから、すごく大変だけど、サッカーが大好きだったから、苦しくてもがんばって走り続けたんだよ」

とか、

「パパは、学生時代、水泳の選手だったんだよ。泳ぐことが好きだったし、誰よりも速く泳げるようになって、オリンピック選手になりたかったんだ。だから、毎日プールで長い距離を泳いで練習したけど、速く泳げる人が全国から集まった大会で、パパより速い人がいたから、オリンピックには行けなかったんだよ。でも、そのとき、いっぱい練習して体を鍛えたから、いまも丈夫で元気なんだよ」

といったように、聞いている子どもが前向きな気持ちになって、

「じゃ、ぼくもがんばる！」

と言うようになれば、しめたものです。

そうすれば、**親子でスポーツをすることが習慣になり、子どもの体も丈夫になってくるでしょう。**

〝健全なる精神は、健全なる身体に宿る〟のです。

21

親の許可の重さを教える

子どもが歩き出すまでは、どんなにベタベタとかわいがってもいいのです。

わがままや負けん気という性格も、その後の教え方次第で、変えさせることができます。

親の望む子の姿に向けて、親の人生観を子どもに映し込むために、幼児が言葉を理解し始めたころから徐々に言葉で働きかければ、子どもはみずから親の心情を脳の働きへ組み込み始めます。

つまり、**歩き出すまではベタベタとかわいがり、歩き出して言葉がわかりだすころに、少し厳しく物事の道理を教えるのです。**

これが躾《しつけ》です。

私が指導したインストラクターがいる関連園や関連教室主催の【赤ちゃん教室（0か月～立ち上がるまでの赤ちゃん対象）】と【育児教室（歩き始め～3歳以下のお子さん対象）】には、親子で参加していただきます。

その際、母親は、私の話す大事なポイントを懸命にノートに書き込みます。

子どもはと言えば、たいてい、母親の近くでアメ玉代わりのオモチャ（男の子はおもに車類、女の子は人形など）で、ひとりごとを言いながら遊んでいます。

ノートを取るのに忙しい母親ほど、子どもに「静かにして！」という言葉が多くなります。

怒られた子どもは、仕返しに母親の鉛筆を奪い取り、母親のマネのつもりでノートに〝グチャグチャ描き〟をします。

ところが、母親はその行為を叱るどころか、メモ用紙を1枚破ってわが子に渡し、その紙に描くよう促します。

このとき、**この母親は、大きな間違いを犯しました。**

これを許してしまうと、わが子が、他の子の遊んでいるオモチャを横取りしても、叱ることができなくなります。

わが子が母親の鉛筆を奪い取っているのに、その行為を叱っていないからです。

同じように、わが子のオモチャを他の子に取られても、叱ることができません。

〝お絵描きのルール〟をしっかり教えていないから、こうなるのです。

たとえば、この場面では、あらかじめ子ども用のノート、スケッチブック、鉛筆を用意しておいて、「カヨ子ばあちゃんの顔を描いて」と言ってください。

ただ紙を渡しただけでは、子どもはなにを描いていいのかわかりません。手早くメモを取るママの手を見て、「私もー！」とマネをし、手先だけを早く適当に動かした〝グチャグチャ描き〟は、まったくなんの意味もありません。

もっとうまく指導しさえすれば、与えられた課題を描くことができるのです。

じつは自由に描くことは難しく、かなり訓練しないとできません。

〝型から入り、型から出る〟ことができるまで仕込まれて、やっと自由画を描けるのです。

また、座ったまま背を丸くして書く姿勢を、私の前で堂々とやるとは、なんとも生意気です。

いかなる場合も、背筋を伸ばした正しい姿勢、正しい鉛筆の持ち方で書かせなければなりません。寝転びながら鉛筆を持つなんて、もってのほかです。

もし、私のインストラクターが教えた子の中に、そんな子がいたら、お母さんにも、その子にも申し訳ないです。

こういう場合、お母さんは、前述したとおり、お子さん用のノートやスケッチブックを事前に用意し、正しい姿勢で描かせるように指導してください。

親の許可の重さを知る幼児の脳は、すぐれているのです。

教室でごはんを食べたとき、「ごちそうさま」と言うまで席を立たない2歳児がいました。

この子は、すでに親の許可の重さを知っています。

素直な幼児は、素直な脳を持っているのです。

イタズラもします。ウソもつきます。ずるいことも覚えます。

それでも、**素直な幼児は、大脳に美しい枝ぶりのシナプスを拡げていきます。**

久保田カヨ子先生

22

ママ大好きは3歳まで

幼稚園の年少組に入ると、子どもによっては過酷な躾《しつけ》で修正されます。

自分のパンツを濡らして、友達の替えパンツを借り、重い濡れたパンツを持って帰ってきたりします。

水筒を飲まずに持ち帰ったかと思えば、ある日は空っぽの水筒を持って帰ってきます。

「また、誰かに飲まれたんでしょ？」

というママの質問は、意外と子どもの心にグサリと刺さったりします。

幼稚園では、してはいけないこと、しなくてはならないことなど、厳しい規律ばかりで、泣きたくなります。

友達には「動きが遅い」と言われるし、だいたいどれもが、いままで家でママに大目に見られて、パスしてきたことばかりです。あげくのはてに、

「お家《うち》ではいいのに、なんで幼稚園では怒られるの？　全部、ママがいけないんだ！」

と、ママ批判が始まります。

このころ異性の友達に特別な気持ちを抱き、家に帰って特定の相手を懸命にほめる

のは、たいてい男の子です。

この小さな初恋を親がうまく認めてあげると、微笑ましいほど聞き分けがよくなります。

しかし、幼稚園になじめず、毎日を沈黙で耐える子は、先生から「自閉症ぎみではないか？」などという濡れ衣を着せられかねません。

この時期の内向的で消極的な行動は、ちょっとしたきっかけ（仲のいい友達ができるなど）で、以前の子どもらしい明るさと積極さを取り戻しますから、あまり心配しないでください。

3歳くらいの幼児は、年齢が近い子、特に年下の子を容認できません。

赤ちゃんでさえ、競争相手になります。

本来、そういう子こそ、早くから集団生活の中に入ってもまれるべきですが、こういう子は、なにからなにまでママの手を借りないと完結できない〝ママっ子〟です。

子どもが社会に目覚めようとしても、**ママへの頼り方が依然激しい場合は、ママ自**

身が反省する必要があるでしょう。

幼稚園や保育園へ入る前に、親がやっておきたいことは、たくさんあります。

まず、**ママ以外から、ものを教えてもらう個人教育を受けさせます。**

たとえば、ピアノ、ダンス、武道などです。

ママの腰にしっかりしがみついて、プールサイドでピーピー泣く幼児は、スイミングスクールなどに通っても意味がありません。

親と離れる時間を持ってこそ、意味があるのです。

家でできる、〝親離れ、子離れ〟の第一歩は、ひとりでごはんが食べられることです。

その前に、「いただきます」から「ごちそうさま」まで、席を立たず、食べることに集中できることが大切です。

23

子どもの病気を悪化させるNGワード

私の教室に通う赤ちゃんは、〝イチャモン〟の子が多いので、私はこの教室を**〝イチャモンクラス〟**と呼んでいます。

通っているお母さんたち公認の名称です。

始まりは、お母さんの相談からでした。

赤ちゃんの泣き声がか細《ぼそ》い、食欲がない、体が小さい、ハイハイができない、足の形がおかしいなど、わが子の発育や発達に不安を抱えたお母さんが、次々と相談にこられ、悩みが解決しても、「もうこなくていい」と私に言われても、毎週くるものですから、そのまま自然発生的に教室となったのです。

いろいろ問題のある子、物言いのついた子の教室ということで〝イチャモンクラス〟なのです。

さて、〝イチャモンクラス〟のタクヤくんは、体に少し悪いところがあって、2歳までに2回手術をしました。

ものすごく運動をする子ですが、この子には禁句があります。

「動かないで、ジッとしていなさい！」と命令されるのがイヤなのです。

なぜかと言えば、動くとアブナイので、病院で動かないように固定されたまま、腕に点滴を受けていたからです。

私たちはそれを知っているので、「動かないで！」と言うときは、ニコニコしながら、こう言います。

「動いたらいかんよ、ここでしばらくジッとしていられる？」

こう言えば、「ジッとして！」と言うよりやわらかい言葉になります。

もともと賢い子ですから、なぜ自分がここにこなければならないのかが、わかっています。

あるとき、保育園の先生がタクヤくんに、

「タクヤ、動くな！　ジッとしていなさい！」

と何度もきつく言いました。

それでタクヤくんは、パニック状態になり、自分の頭を壁にガーン、ガーンとぶつけるようになってしまったのです。

そうしたら、後頭部が擦れて、血がにじむようになりました。

数ある子どものクセの中でも、自分で自分を傷つけるのが一番困るのです。

人にかみついたりしたのなら、

「そんなことしたら、ママもかんでやる！」

と言ったらいいんです。

痛みは痛みで教え、〝目には目を、歯には歯を〟で対応したらいいのです。

それでたいていかむのをやめますが、自分で傷つけるのは、痛みを自分でわかっていながらやるので困ります。

私は、保育園の先生に、

「どうしてそのような言い方をしたのかわからないけれど、この子にはトラウマがあるんです。入院した病院で点滴のときに、動かないように固定されていたのです。だから、『動くな！　ジッとしていなさい！』と言われると、そのときの怖かったことを思い出してパニックになるのです。**どうかやさしい言葉で言ってください」**とお願いしました。

病院でも、温かい言葉で、

「あなたの病気が治るように点滴をするのよ。強い男の子だもん、動かないで我慢できるよね」

と本人にも理解できるような言葉で見守ってほしかったと思うのです。

幼少期のトラウマは、一生続くことがあります。

子どもが精神的に病まないように、お母さんには細かな心遣いが必要となります。

特に3か月までの子どもの脳の発達は、ものすごいスピードで、凡人の私などの理解を超えるほどすごいのです。

まるで吸い取り紙のように、よいことも悪いことも、覚えていくのです。

24

男の子の断乳はこうしなさい

〝スーパーモデル〟のあかりちゃんに、年子の弟が生まれました。

おしゃま（→少女が年齢のわりに大人びた知恵や感覚を身につけていること）なお姉ちゃんは、よく問題を起こしましたが、私にとってはいい勉強材料で、ありがたいモデルです。

弟は、母親や祖母にチヤホヤされながら育てられ、体の大きさ以外はお姉ちゃんにかないません。気弱なわがまま息子で、長男に多くいるタイプです。

その子が1歳4か月になって、いよいよ断乳することになりました。

女の子に対して、**男の子の断乳や卒乳が遅れるのは、おもに母親の考え方によるケースが多く、夜泣きをする、寝つきが悪い、離乳食が進まないことから、夜だけ授乳を続けていたりする**のです。

しかし、断乳の場合、夜の授乳をやめることが早道なのです。

授乳を続けていると、母親は夜に何度も起きてくたくたになってしまいます。

さて、ついにママが決心して、断乳を開始しました。

しかし、日中は大泣きで夜泣きも続き、**泣いている顔を見ているとかわいそうにな**

って、ついオッパイをあげてしまうという悪循環に陥りました。

おまけに男の子の飲みっぷりは激しく、やめようとしたあとの乳房の張りも強いため、母親は耐えがたい肉体の痛みに日々さいなまれました。

乳房が熱っぽくほてり、精神的にもヒステリックになって、ついに病院へいくことになったのです。

翌日、男の子は父親につれられて私のもとへきました。

泣きベソ顔を父親の胸にうずめています。

いつもは、誰のことも気にせず好きに遊んでいるのに、今日は警戒心からか、私の顔をうかがい、私の言葉にも聞き耳を立てています。

私は父親に、

「この子を置いて、お昼ごはんを食べておいで。2時間ほど泣かすから。〝泣き道場〟入門だ！」

と言いました。

その子は、しばらく父親にしがみついて、メソメソ泣いていました。

でも、私から言わせれば、どうやらおなかが空いているようで、私と父親の顔を見比べながら、どちらからか助け舟が出るのをうかがっています。

私は**「そんな小さな声で泣いてちゃダメ！　もっと大きな声で泣け！」**と言って、**いつもどおり「ワーン、ワーン」と大きな声を出して合唱**しました。

2人で30分くらい泣いたでしょうか。

やがて男の子はフラフラになって、眠り始めました。

父親に「まあ、1時間以上は寝るだろうから、外でゆっくりなにか食べていらっしゃい」と言って送り出し、その間にこの子の眠りのタイプを知るために、深い眠りが何分おきにくるかをはかりました。

それぞれの子どもで微妙に違うレム睡眠（浅い眠り）とノンレム睡眠（深い眠り）のリズムを利用して寝かせるのです。

途中で父親が帰ってきたので、私はその間に2階の教室から1階へおりて、オートミールと野菜&豚肉の煮物をつくりました。

2時間ほど経ち、そろそろ男の子が起きるころなので、2階に上がりました。

しばらくして、その子は起きあがり、ボーッとして父親と私を見比べ、泣こうかどうしようか迷っているようでした。私は、

「ばあちゃん、おなかが空いたから下でごはん食べるね。ぼくの分もつくったから、いま、持ってくるよ」

と言いながら、下に用意してある食事を2階で食べさせるように父親に頼みました。私が1階でゆっくり食事をとっている間、2階から泣き声はまったく聞こえませんでした。

帰り際に、父親が、「先生、コイツの顔つきが、なんとなくりりしくなった気がします」と感に堪えないように言いました。

確かに、ちょっと偉そうな男の子の顔つきになっています。

母乳をやめ、私と大泣きをし、あまりにおなかが空いたので、懸命に食事をとってホッと満足したのでしょう。

男の子を育てるには、年齢に関係なく、どこかで〝男の概念〟を注入することが必

要です。

男としてやり遂げたんだ、ぼくはがんばったんだ、という達成感と言ったらいいでしょうか。

もしかしたら、この子もどこかで「ぼく、がんばったゾ！」と自分を認めたのかもしれません。

結局、その後、都合5日間で断乳に成功しました。

男の子の顔つきは、やはり私と大泣きした日から変わったようです。

「どことなく、男くさくなりました」と、父親は感激していました。

私が帝王学を仕込んでいる〝スーパーモデル〟の姉を超えるには、お父さん、あなたがこの子に〝男のなんたるか〟を仕込まないといけないんですよ。

25

〝イクメン〟に踊らされるな！

ここ1～2年、各地の講演会や【赤ちゃん教室】＆【育児教室】に、若いパパの参加が増えてきました。

ママのおつき合い、あるいは子守役として参加しているのではなく、**自分の勉強のためにきているのは、質疑応答でママ以上にがんばって手を上げている姿を見れば一目瞭然**です。

私は、そんな若い夫婦の姿勢に好意的だったのですが、ある日、こんなことがありました。

地元を基盤にする小売チェーン店で、平日に私のミニ講演会が開催されたときのことです。

前日まで晴天だったのに、夜半より天候は崩れ、当日は突風まじりの大雨となりました。

こういう天気の悪い日は、参加者も少なくなると、スタッフ一同で話をしていたところ、通常の2～3倍の人で会場が埋まりました。

なぜだか、わかりますか？

パパが会社を休んで運転手を買って出たからです。

そして、ついでに祖父母も乗せてきたのです。

私の「パパ、あんた仕事は？」という問いに、ほとんどのお父さんが、「休みました」と答えました。

これは、いきすぎです。

若いパパは、これから一家の柱になって、収入と社会的信用を得るために、仕事に邁進せねばなりません。

たとえママに頼まれても、「今日は会社があるから無理！」となぜ断われないのか。

この日、人生の楽しみ方をまだ知らない男女の子育てに、「ワァー、これは大変だ」と危惧を覚えた次第です。

哺乳類の多くは子育てをメスが受け持ち、オスは狩りと外敵からの攻撃に備えます。

ヒトも哺乳類です。

女性が子を産み、男性は女性と子を守るという道理は普遍です。

私のような気丈夫でも、産後5日は病院で乳を飲ませるのが仕事でした。子を産める間は、女性として生理的にタフなときです。そうです。女性は子を持つと精神的にもタフになるのです。毎日の仕事で疲弊しきったパパより、子どもを産んだママのほうが生物的エネルギー値は高いのです。

若いパパにとって、一番に優先すべきは仕事だと思います。なんと言っても、生活の糧を保たなくてはなりません。そして、ママが専業主婦ならば、言わずもがな、ママはパパの分まで育児に専念してください。

もしママも、パパと同じくフルタイムで働いていて、収入もパパと同じくらいなら、2人で話し合って、仕事も育児もフィフティ&フィフティに分担すればいいのです。なにも難しいことを言っているわけではありません。

要は、自分たちの身の丈に合った、他人のマネではない、オリジナルな生活と育児をすればいいと思うのです。

ママも、

「あそこの家のパパは〝イクメン〟に燃えてて、皿洗いと洗濯が担当なんだって。あなたは、ゴミ出しだけじゃない。明日から、皿洗いと洗濯、お願いね」

などと稚拙なことを言ったらいけません。

その家のパパはフレックスタイム制で、時間の融通がきくためにできるのかもしれませんし、朝7時に家を出て深夜0時に帰ってくるサラリーマンの夫が、毎日、皿洗いと洗濯なんてできるわけがありません。

いいですか。

人の家は人の家、ウチはウチなんです。

これは、すべてにおいて言えることで、たとえば他国の経済をマネても、日本でうまく機能するとは限りません。文化しかり、習慣しかり、法律しかり。

他国は他国、日本は日本です。

よその家はよその家、わが家はわが家なのです。

夫婦の性格、仕事、収入、家族構成など、どの家も違うのに、同じ生活や育児ができるわけありません。

同じように、〝イクメン〟と言っても、みんなが同じことなどできるわけがないのです。

みんな一斉に、という時代は終わりました。

情報を鵜《う》呑《の》みにするのは、単なる勉強不足です。

夫婦2人で話し合って、**わが家だけのオリジナルな生活スタイル、オリジナルな育児**を目指したらいかがでしょうか。

パパも〝イクメン〟に興味があるのなら、最初から気張らずに、ちょっとずつ始めればいいんです。

ゴミ出しだって、立派なお手伝いですよ。

一方、**ママは、パパに〝イクメン〟を期待しすぎたらいけません。**

期待しすぎるから、期待がはずれたときの失望が大きいのです。

初めからあまり期待せずに、見守る余裕がほしいところです。

また、もしパパが必要以上に〝イクメン〟に燃えていたら、バーンアウト（燃え尽き症候群）に気をつけて、うまく気持ちをコントロールしてあげてください。

要は、夫婦お互いの気持ちの問題です。

〝イクメン〟なんて言葉がないころから、育児に参加する父親はいました。**いまの〝イクメン〟の賛美された部分に踊らされないように。**お互いが認め合って、結婚して、子どもまでできたんだから、〝イクメン〟で亀裂が走るなんて、さびしいですよ。

私は昔から言い続けていますが、**育児ほどクリエイティブな仕事はありません。**ひとりの人間を、赤ちゃんから大人になるまで育ててあげるのですから。なんと崇高で、責任重大な仕事であることか。

ママとパパは、そんなすばらしい体験を共有できるのです。

隣の家など関係のない、わが家オリジナルの育児を築いてください。
自然に、無理せずに、仲よく。

26

長子のひがみは一生続くことも……

「蝶よ花よと育てられ（子どもを非常にかわいがって育てること）」は、女の子の育て方でよく使われる言葉です。

しかし、いまでは長子の育て方にも言えます。

最初に生まれた子は、親だけでなく、周りからの愛を独占して育ちますから、他人への思いやりの心、感謝の気持ちが育ちにくい場合もあります。

長子を目に余る甘やかし方で育ててしまうと、次の子ができたときに起こる問題として、年が2〜3歳差で特に多いのが、上の子の赤ちゃんがえりです。

4〜5歳以上年が離れている場合は、妊娠と同時に長子を教育すれば、ほとんど問題はありませんが、うまく対処しなければ、極端な場合、成長しても兄弟姉妹間で仲の悪い関係のまま、親の死を迎えてしまいます。

たとえば、上の子が障がい児の場合、下の子は親の苦労を肌で知るので、年の差も関係なく下の子の懸命な協力が得られ、それは見ていて涙ぐましいほどの姿勢です。

一方、下の子に障がいがある場合、上の子は手をかけてかわいがってくれた親を独占できた過去の思いもあることから、下の子への思いやり、育児の手伝いには、複雑な気持ちを抱くことは否定できません。

下の子の障がいの程度にもよりますが、できるだけ上の子のほうにも時間を割いてあげつつ、注意して思いやりの心を植えつけてあげなければ、親が悲しい思いを味わいます。


人は誰しも、自分がよく思われたい、らくをしたい、と思います。

これは本能と言っても過言ではありません。

もうすぐかわいい赤ちゃんが生まれ、「あなたはお兄ちゃんになるのよ」といくら教えられても、子どもが現実を理解することは困難です。

急に赤ちゃんがえりして母乳をほしがったり、ぐずって他人にかみついたり、ウンチをちびったり、夜泣き、頭突き、ハンガーストライキなど、**親が困ることを計算しながら反抗**しますので、わが子でもうんざりしてしまいます。

私の場合、母が満5歳違いの妹をつれて、よく家を留守にしました。

子ども心に、私を残し、留守番をさせられたときの悲しさ、くやしさ、ジェラシーは長く尾を引き、母親への不信感にさいなまれるあまり、夜中に泣きながら目覚め、朝まで眠れなかったこともありました。

私は、生来大らかで、大胆かつ物怖《ものお》じしない子でしたので、幸いそれがトラウマにならずにすみましたが、子どもによっては一生心が傷つく場合もあります。

親子でも相性のようなものがあり、**兄弟姉妹間のかわいがり方、叱り方の差が強いと、かわいがられた子はさほど感じずに成長しますが、冷遇された子は深く傷つき、成長とともにそのときの感情が増幅され、子ども心に悩み続けます。**

私は、子どもたちを差別視する親が嫌いで、わが子に対して勝手な扱いをした結果、「困っている」という相談者に会うと、真剣に答える気力が薄れてしまいます。

気を取り直して相談に応じますが、

「きっと、私の言ったことは実行できないだろうな」

というむなしい思いに襲われたりするのです。

しかし、私はいつも**「赤ちゃんの代弁者になる」という決心のもとに仕事をしているる**ので、こんなことで気力を失うわけにはいかないのです。

27

たくましい女の養生訓

ある年の冬になりかけの東京・渋谷。

テレビ番組の企画で、早朝から50人の若いお母さんとその子どもたちに囲まれて、1日をすごしました。

ところが、意外や意外、年齢差をまったく感じさせない、とても楽しい時間が持てたのです。

子どもたちは、私の子ども時代と同じく、明るいゴンタ坊主（いたずらっ子、腕白小僧）と、おしゃまなおしゃべりお嬢ちゃんたちでしたが、いままでにこんな外見のお子さんとママたちを見たことがありませんでした。

私の赤ちゃん教室（愛知県犬山市）に通う子どもたちは、田舎育ちの大らかで愛嬌のある〝鼻タレっ子〟ばかりです。

しかし、ここには、ニット帽にロン毛、ボロジーンズのカジュアル系男の子に、ファッション雑誌から抜け出したようなかわいい小さな女の子たちばかりがいます。

ママも、もうすぐ冬だというのに、短いスカートから見える白いきれいな太もも、厚手のジャケットの中はTシャツで、頭寒足熱《ずかんそくねつ》とは正反対の服装。それから、全員が長いつけまつげをしていました。

もちろん、注意などする理由はありません。

屋内もエアコンの温度調節で全然平気、どんな軽食でも栄養満点の時代です。「ちょっと、そこのおネエちゃん」という呼び名がピッタリのヤンママ、ギャルママたち！

しかし、**この彼女たち、服装や見た目からは想像もできないシッカリ者**なのでした。

みんなで食事をしたら、子どもに「コラ！　まだ残ってるぞ。残さないで、食べろ！」と言葉遣いは悪いのに、子どもはキチンと躾《しつ》けられていて、ママの言うことをよく聞きます。

年少の子をリードする5歳児、オモチャの取り合いも一切なし、順番もキチンと守る……どうしてこういうことが普通にできるのか、本当に驚きました。

私のいままで接してきた長男、長女には見られない明るさ、素直さ、従順さ。

私はヘトヘトになるまでつき合いましたが、じつは彼女たちやその子どもたちに教わることがとても多かったのです。

1日、彼女たちと一緒にいて、改めて思いました。

女性は、できるなら若いときに子どもを産んだほうがいい、と。

まず、子育ては、体力で問題を解決できる場合が多いのです。

お子さんを見ると、一見、粗野な印象が強く、お受験教室に通っている子に比べると、知能面ではその構築に遅れる部分があるかもしれませんが、それは後天的に解決できることなので大した問題ではありません。

それよりも、うらやましいほどの生命力と積極性を持っており、みんながみんな他の子を気遣い、思いやりがあって、やさしいのです。

また、諸々の発達も自分から獲得したものが多く、よく見られる反射の劣る子の欠点は、ほとんど見られません。

思うに、彼女たちは、学校の勉強はやらなかった（できなかったではなく）かもしれませんが、**人間として、女として、母親としての本能が、あるいは生命力が、先に頭で考えがちの女性よりすぐれている**のかもしれません。いえ、**本能的に〝勝《まさ》っている〟と確信**しました。

番組では、彼女たちから私への質問コーナーがあり、その内容には他と特に違いはなかったのですが、時に普通では考えられないほどハードな相談もありました。でも、私の受け答えの最中に人目もはばからず泣いたママは、くよくよ長く悩むようには見えず、こちらも答えに気を遣うケースはありませんでした。

多くの高学歴のお母さんからの質問は、あらかじめ自分で答えを出している場合が多く、素直さがありません。
問題が起こると、まず頭で考え、インターネットで調べたりするからか、余計な知識と自意識が入り、目の前の〝生きた問題〟に対処できなくなりがちです。
一方、ここで紹介した若いママたちは、その場その場で即断即決、本能で動いていると感じました。

ただし、彼女たちにとって経済的な問題が一番切実で、これは子どもの将来にも影響があるかもしれません。

しかし、そんなことは百も承知、すべての現実をあるがままに受け止め、若いご主人と毎日を明るく楽しく、一生懸命に乗り越えているようでした。

もう一つ、彼女らの多くは、若いころ確かにヤンチャをしていましたが、自分たちなりの〝筋〟を通して、日々を送っていたようです。

これが、わが子への厳しい躾《しつけ》に活きているようで、子どもたちの目を見張る生命力と秩序の高さ、思いやりの心とやさしさは、おそらく両親の価値観が映し込まれたものに違いありません。これぞ、育児の原点と言えるでしょう。

高齢出産を考えている方は、これから産まれてくる子の10～20歳代に、自分が何歳であるのかを計算してみてください。

子どもの多感期は、その後の精神のあり方に大きく関わります。

本人にとってバックボーンとなる生き方、主義・主張の仕上がり時期です。

自分の力で生きる基本づくりの大切なときに、母親として万全な姿勢でバックアップしたいものです。

私は24歳で長男を産みましたが、健康を保ち、色気も十分持ち、堂々としていました。

特に精神的なものは修行を重ねましたので、53歳のときには、初潮から数えて満40年のお祝いができ、女友達を呼んで大騒ぎをしました。

また、子育て中、生理の日には、短気や荒っぽさが出るのを抑えるのに苦労しました。

息子たちには、**「いま、ママはちょっと気が立ってて怒鳴りやすいから、日ごろ、ママが嫌がっていることはしないでね」**と伝え、その日の気分で気持ちの整理や怠け病になることを許し合い、父親不在でも一日一日を双方が理解し合って、楽しくすごしていました。

28

子に追いつかれない誇りを持て

目に見えて知能が開発され、「神童かしら」と思える進歩は、2歳前後から始まります。

それまでの評価は、歩けても話せない、言葉は話せてもしっかり受け答えできない、甘えん坊でママの後追いが激しい、人見知りをする、イスに姿勢よく座れないなど、むしろ、〝イチャモン〟の要素が多いくらいです。

それが2歳前後になると、突如、目つきも鋭く、食事は手助けなし、箸が持てて、スプーンも扱えるようになるのです。

このころになると、わが子の特徴が見えてきます。

その中の長所に向けて、何度もくり返し、器用さを身につけさせると同時に、知識や感覚もよい方向へ働きかけなければなりません。

それまでに身についた感覚や行動、行為を通して、心の糧《かて》を与えます。

個性が見え始め、得意なことに熱中し、目つきもキリリとしてきます。

そして、顔つきも変わり、ただかわいいだけの表情ではなくなります。

このように、知的にすぐれた片りんを見せ始めたら、親は大変です。

わが子のなにげない質問に、即答できないこともしばしば起こります。

また、突然カンシャクを起こし、どのように接したらいいか、対応に困るのです。

いくら神童と言われようと、親のほうに正しく評価できるだけの器量と知識がなければ、わが子の新しい成長の芽生えを育てることはできません。


私が教えた子どもたちの才能の進歩ぶりを自慢すると、夫は、

「申し訳ないが、あのご両親では、その子についていけないのと違うか」

「あの子は、親より賢いかもしれんよ」

などと皮肉を返します。

しゃくに障《さわ》りますが、そのとおりです。


「先生、やっぱり女の子ですから、かわいくて、素直な子がいいです」

家の跡取りにしたいと、生後20日であかりちゃんを私のところにつれてきたお父さんが言いました。

「いまさらあかん、遅いわ」

下に男の子ができたのと、私がみっちり帝王学を仕込んでいる年子の姉が、だんだんとゴックなってきたことに脅威を感じたのでしょう。

しかし、無理もないのです。

お姉ちゃんは、下に弟ができたことを早く知り、すでに自分の置かれた立場を理解しているのです。

「どうも、カヨ子ばあばは、いままでとなにか違ったことを教え始めた」と勘づき、いつもの「こんにちは～」という愛くるしさを私に見せなくなり、「今日は、なにを教えてくれるんだ」といった顔でにらみつけてきました。

その表情は、同年代の子と大きくかけ離れた、大人びたものでした。

そう言えば、いつのまにか、声を立てて泣くこともなくなりました。

もうすぐ、親のほうに足りない部分が出てきます。

親は、この子に追いつかれないよう、親としての努力を重ねなければなりません。

最近、気に入らないことがあると、この子がお姉ちゃんになった記念に私があげた人形（名前は〝カヨ子〟）を、「カヨ子のバカ～！」と天井に放り投げるそうです（笑）。

彼女は、その人形と私への思いが入り混じって、自分の気持ちを処理できないのです。

このとき、どのような心理だったたか、きっと彼女なりの表現で訴えたのでしょう。

どんな場合でも、記憶能力の高い子は知育するのに有利です。

これからさらに高いレベルの、広範囲な脳トレをしなくてはと、決意を新たにしているところです。

29

お箸の持ち方を教える方法

あるとき、

「京香が『カヨ子先生に教えてもらう』と言って、家でお箸の持ち方を練習しないので、今度お箸を持っていきますから、よろしくお願いします」

という電話が突然かかってきました。

これは困った問題です。

この子は、出産が長引き、途中で帝王切開になりました。

丸い小さな顔の〝のっぽちゃん〟ですが、表情は乏しく、泣き方も弱々しかったので、**私の〝泣き道場〟へ入門させました。**

私は、この子の心肺機能を高めて、もっと活動的にさせるようお母さんに言いました。

そして、お座りもでき始めたある日、普段から頭がやや後ろへ反《そ》っていて、頭を前方へ曲げようとしても曲がらず、うまく下を向けないことに気づきました。

もしかして脳性の疾患があるのでは？　と心配でしたが、私はお母さんに、

「ちょっと嫌がるかもしれないけど、『おはようございます』『こんにちは』と挨拶させるときに、頭の後ろをチョンと前方へ小突いて、下を向くことができるまでやらせてみようか」

と提案しました。

翌日から、挨拶のときは必ず頭を小突いて下を向かせる、京香ちゃん自身の意志で、できるだけ長く下を向かせる、といったお母さんの懸命な働きかけが始まりました。

それから、およそ3か月が経ち、お母さんの努力と本人もそれらの訓練に応じてくれたおかげで、頭を前方へ曲げられるようになりました。

また、歩き始めてからの発達もすばらしく、スマートで利発になることは間違いない、太鼓判の押せる子になりました。

そんな京香ちゃんですが、お母さんにではなく、「カヨ子先生に教えてもらう」と言うのは、私にとって決してうれしい言葉ではありません。

子どもにとって一番尊敬できるのは、親でなくてはならないからです。

そして、数日後に京香ちゃんがきました。

私はまず、お母さんに箸の持ち方を正しく教え、京香ちゃんにこう言いました。

「京香ちゃん、お母さんはとっても上手にお箸を持てるようになったよ。だから、お母さんにしっかり教わるのよ。**カヨ子先生はね、本当はお母さんの先生なの。京香ちゃんの先生はお母さん。だから、お母さんの言うことをしっかり聞いて、お箸の持ち方を練習してね**」

「ハーイ」

京香ちゃんは素直に返事をしました。

私のかわいい優等生たち。

いまの私は、20歳になったあなたたちを見てみたいのです。

30

滅私奉公《めっしほうこう》の精神で、お母さんの努力は必ず実を結びます

孫のために滅私奉公する精神は、現在ではほとんど見られないかもしれません。

滅私奉公とは、自分の欲を捨てて、人のために尽くすことです。

私のいままでの生き方で、この**滅私奉公の教えと実践**はとても役に立ち、すばらしい人生を送ることができましたが、最終的に死が近くなると、その満足感は些細なことと受け止めることができます。

現在の私は、仕事も家庭環境も、夫への協力も子育ても、卒業しました。

孫は息子が責任を持つことと定め、私の晩年の滅私奉公は、親をうまくあの世に逝《い》かせることに心血を注ぎました。

私は、子どものころから辛抱強く、いったん決めたことに抗《あらが》うような言動はしませんでした。それでも父は私を「極楽とんぼ」と言い、母は「カヨ子ほど苦労をさせた子はいない」と言いました。しかし、私は、苦労を苦労と嘆かずにその時々をすごし、問題を解決してきました。

現在では、曾孫の年にあたる赤ちゃんを日々見ていますが、畑仕事もサボり出し、体のあちこちにガタがきています。

向上は、坂道を上るように休みのない努力が必要ですが、老いた体は階段をおりるように衰えていきます。後ろ足が前足の下の階段まで届かず、後ろ足を浮かすと、残った前足は全体重を長く支えられません。

赤ちゃんを泣かすときの、長く抱きしめる行動も危うくなりました。

これまで私の筋肉は、年齢とは思えない強さを誇っていましたが、多くの赤ちゃんを抱いたり、障がい児などの硬直した体を抱きあげたり、抱きしめたりした翌日は、筋肉が硬く痛く、時には腰骨《こしぼね》にまで響き、動けなくなります。そういうときは、食欲すらなく、そのままにしておくと、筋肉がやせ細っていく感じがします。

手近なエクササイズとして、1日5～6回お風呂に入り、手足に水圧をかけながら動かしています。

さするようなマッサージ程度では、私の体はもとに戻ってしまいますので、「イタタ（痛い）！」と感じた瞬間を号令として、本格的なエクササイズを始めます。

そして、今日抱いた子の目の表情を思い浮かべるのです。私の〝泣き道場〟で散々泣いた子が帰るときの、柔和な目つきが私の脳裏に浮かんでくるまで、号令を合図に自分の体を痛めつけます。それがとっても幸せなのです。

問題のある子どもが、自分自身のために努力することを悟ってもらえれば、お母さんの働きかけは軽くなります。

本当は、私が直接、手をかけてあげるほうが早く直せます。

でも、それはしません。

お母さんがやることに最大の意味がありますから、私は必ずお母さんに教え、お母さんが子どもに働きかけるのです。

子どもの欠点を直すには、お母さんの手引き、手助けが大切です。

お母さんは子どもにとって最愛の人でなければなりません。

そして、お母さんの努力は必ず実を結びます。

私はと言えば、いつもえらそうにお母さんを叱る人です。

だから、あまり子どもに好きになってもらえなくてもいいのです。

いかに子どもに奉仕できるか、いまは、それだけを考えています。

パート
3

子どもの脳力が120％アップする

15の心得

31

ころび方が上手な子は、大ケガをしない

すり傷の上に、またころんで何回もカサブタのできた、汚《きたな》いひざをしている幼児を、このごろはあまり見かけなくなりました。

半ズボンから出た、ポチャポチャとした脚《あし》を見せている幼児の大部分は、小学校へ通うようになっても、さほど積極的でなく運動も好きではありません。

ですから、私は、2～3歳の子を見ると**「パジャマのような薄手でいいから、長ズボンをはかせて、外で遊ばせるといい」**と言います。

ころんだとき、そのたった1枚の布地が幼児のやわらかい肌を守ってくれます。

ころぶことの上手な子は、大ケガをしません。

身の軽い小さなうちから、体重に合った行動でするケガで痛さを知り、身を軽く合わせてころぶコツを体得していくからです。

両手がしっかり前に出ず、刺激を体で直接受け止めると、その結果は血の吹き出す傷になり、怖さを覚えます。用心深くなりすぎて、自然に行動が抑えられ、消極的になってきます。

3～4歳になっても、ケガの度合いが大きく、骨折や縫合《ほうごう》しなくてはならない皮膚の傷、大人が肝を冷やすようなケガをする幼児と、あまり動かず日焼けもしないおとなしい幼児には、お母さんが積極的に身の動かし方を教えるか、早目に幼稚園やスポーツクラブへ通わせてでも、体をうまく動かせるように手助けしてあげてください。よく動きまわる幼児は、ケガもします。しかし、いつも間一髪のところで、防御して大ケガをしません。**本能的な反射がうまく出る**のです。

私は、**船酔いゲーム**（一方向に急回転してさっと立ち止まり、フラフラするのを面白がる）、***天橋立**《あまのはしだて》**ジャンケン**、目をつぶってデングリ返しをして立ち上がる遊びなどをよくさせました。これは大人の私にもよい運動ですので、息子たちと遊び、フラフラになるまで続けたものです。

「ころんでも手助けして起こさないように」と書かれた育児書がありますが、それより**うまくころべるように教えてやることが先**です。

下手なころび方をする幼児を見ると、すぐ起こして機嫌を取って、痛さのまだ少し残っている間に「手を先につけるのよ」とか「もっと〝コロコロ〟ところべ」とか、もう一度手を添えてころばせて教えるほうがよいのではないかとさえ思えるのです。

ともかく、**平衡感覚をうまく取れるような動きのある遊び**をさせるようにし、**両手をしっかり前に出し、体を丸く、やわらかく力を抜いたころび方をするには、よく動きまわり、身軽にする**ことです。

傷にひるまぬように、下手なころび方をする間は、**長ズボンをはかせてやる**とよいと思います。

私は2人の息子たちに小学校低学年まで長ズボンをはかせましたし、髪の毛さえ、頭のケガを少なくするために、丸坊主を嫌って長く伸ばしてやりました。

＊日本三景の一つ、京都府の「天橋立」では、ビューポイントに背を向け、自身の股の間から逆さまの情景を楽しむ〝股のぞき〟が有名です。
ここでは、お互いが背中合わせに立って、お尻を突き合わせて〝股のぞき〟をした姿勢でジャンケンをするという、私のオリジナルな遊びを紹介しています。

32

ケンカの〝ひきどき〟だけ教えておきなさい

最近は、きょうだいゲンカを華々しくできる家庭が少なくなりました。ひとりっ子では、ケンカらしいものもできません。

私は**幼児のケンカは成長に必要なもの**と考えています。

適当な相手のいないときは、同じ年ごろの友達をつくってください。3歳児までは、相手のお母さんともよく意見の合う方と、親子同士のつき合いをして、どちらが悪いとは決められないケンカやふざけ合いを容認するようにします。

私は息子に「**相手をなぐるのはいいが、かむな、ひっかくな**」と教えました。

相手を傷つけて、親が怒鳴り込んできた場合にも、生々しく血が出ていたり、歯の跡が残っていては、相手への謝罪が先にたってしまいます。

ケンカは傷つけたほうが悪いとは限りません。ヒリヒリした痛みは、治りも早いけれど、ゲンコツでの打ち身の痛みはいつまでも残ります。

ケンカのむなしさを知ったり、憤まんの吐け口でしたケンカを正当化してみたり、幼児なりに冷静に自分を見ることができる――このことが大事だと思っていますので、私は**素手のぶつかり合いをすすめ、爪、歯、ものを持って対応することを禁じました。**

私の長男が、とてもわがままな近所の子とケンカをして帰ってきました。すぐに相手の母親が、顔にあざをつくって泣きじゃくる子をつれて怒鳴り込んできました。「あやまれ」と言う母親に私は「あなたのお子さんは、うちの子にだまってなぐられていたのですか。うちの子は抵抗もしないのになぐったと言うのですか。もしそうなら、お宅の育て方か、お子さんに問題があるのと違う？」と一気にまくしたてて、絶対にあやまりませんでした。わが息子の頬に3本の爪跡が生々しく残る証拠を、いざというとき出そうと思っておりましたから。

私は息子の何度かのケンカで、**「自分から手を出すな」「弱いほうからケンカを売るものだ。おまえが強いと思えば辛抱してやれ」**と言っておりました。

私の留守中、5歳も年齢差のある息子同士のケンカは、一目瞭然、弟の傷でバレてしまいます。けれど2人はひと言もケンカのきっかけを話してくれず、傷にテープを貼って処理をした兄と仲よくして、私が口を出す隙《すき》を与えませんでした。

ケンカの〝ひきどき〟を教えておくことも大切です。

犬のケンカは腹をかまれたほうや、「ギャン」と声を出したほうが負けなのです。幼児にも「相手の動きが少なくなったら、身をひいてみる」「泣きながら向かってくるときは隙を見ろ」とか、**ケンカのコツはお母さんより、お父さんが教えてやってほしい**ものです。

ふざけ合いやケンカは、幼いときにひきどきをしっかり身につけさせることです。きっかけは多様ですが、ひきどきは勝ち負けで決まります。

しかし、エネルギーの爆発がどうも多すぎる、時間が経ちすぎると思われるときは、やはり大人の良識ある仲裁は必要です。

親は興奮をさましてやるための「ゆっくり」「やさしい」言葉をかけてやるだけにとどめ、**ケンカの原因を聞いたり、勝ち負けの判定はしない**ことです。

もし互いに主張を譲らず、妥協をしないときは、**親の判断を押しつけていい**と思います。どちらも不満という解決案です。親が手を出さぬと止まらぬ下手なケンカをしたのですから、罰則の意味もあります。

「お菓子」などで、気分転換をさせないことです。

33

子どものカンシャクを抑える方法

幼児は腹立ちやくやしさに心がたかぶって、懸命になにか言おうとしますが、言葉になりません。原因を一刻も早く親に聞いてもらいたいのですが、言った言葉では言い足りず、もどかしさが導火線になって泣き出します。感情の爆発があると、幼稚な言葉の表現をせっかちに続けようとします。

「なに言っているの」

「泣いてちゃわからないでしょう」

などと言えば、ますます泣き声を大きくします。そのうるささには、親としてつき合いたくないものです。

かつて私もそうでした。しかしよく反省してみると、私が暇でテレビを見たり、お茶を飲んだりしているときは、比較的ゆったりとしているその泣き声につき合い、一方、台所で忙しいときなどは、突き放しがちでした。

やがて、前者のときは早く落ち着き、後者のときは手を休めて腰をおろして聞いてやっても、なかなか泣きやまないことに気づきました。

そこで、私は時間のあるときに、**「泣きやむのが先よ」「泣きながらものを言ったら、**

聞いてやらん」などと言って、しゃくり声を出しても「もっと落ち着け」とまだ話をさせませんでした。

こうして、**私の受け取り方を、時と場合で差のないように心がけることで、息子たちのカンシャクは徐々になくなりました。**せっかく泣きやんだのに、話し出したらまた泣き出す――そんなくり返しのときなど、今度は私がくやしさの度合いを知りたくなりました。その原因を聞くことで、わが子がどんな考えを持っているかを知ることができます。

さほど大げさなものでないのに、くやしさのこみ上げ方の激しい場合、単に子どものわがまま気質か、言わない部分になにか原因があるのか、親がよく考えなくてはなりません。

自分のことを自分でするということは、身のまわりの着替えや食器のあと片づけなどだけでなく、**自分の感情も自分で始末をつけなければならない**のです。

どれほどのくやしさでも、母親が「よしよし」となぐさめてやるのは、くやしさ、悲しい思いを早く忘れさせる助けにしかならないのです。

くどくどと、グチっぽく言う息子の意外な気弱さを見出したり、正義感や潔癖感などを知ることができます。

また、わがままな心情を抑えていくためにも、この地団駄《じだんだ》踏んでのくやしさや、わめき立てに、**親が同調して興奮してはならない**のです。

とはいえ、あまりにもうるさいので、イライラします。いつまでも泣きやまない息子、不満をぶつけるわが子が憎くさえ見えます。

ここは、**親の精神修養がいる場面**です。

巻き込まれず、冷静に処理するよう自分に言い聞かせながらも、大泣きのペースに乗りかかりがちです。

わが身の欠点が、大きくわが子の性格に関連してくる糸口と思い、冷静に聞いてやるだけにとどめ、**「○○ちゃん、いけない子だね」と判定を下さず、「よく辛抱できたね」と言ってなぐさめの言葉にうなずくまで、つき合わなくてはなりません。**

34

高いところから跳びおりる勇気

「ドシン、ドシン」――コンクリートの階段が響きます。

4階にいた私は、階下から聞こえてくるあまりの音に外へ出てみました。

4歳の男の子2人と、6歳の女の子と男の子が、代わるがわる階段を2つ、3つと跳びおりているのです。

「ドシン」という音は、両足の裏全部で着地しているからで、まるでそのまま落ちているかのようです。私の頭に響くほどのショックを、幼児は全身で受け止め、頭にも響かせています。

幼児は、高いところから跳べたことがうれしく、何度も何度も跳んでいるのです。

4歳の子はやっと2段目から跳べて、3段目に挑戦しようとして、その高さにひるんで跳べないのです。

高いところから跳びおりる勇気は、ある程度先を読んで、読み切れない不安の部分をどう切り捨てるか、決断をつけることができるかできないか、です。

自分の体を動かすきっかけ、跳ぶ意志を瞬時に発しなければならず、一瞬で終わる行為は無心で思考が止まり、体だけを動かすのです。あらかじめ組み込まれたプログラムをスイッチ・オンしたときが、跳び出したときなのです。

これは幼児にとって大変な決断がいりますので、その無心の時間の長い、高い場所からの跳びおりは、いつも不安です。

あとがどうなるかわからない向こう見ずさがなければ、できないことなのです。

この4歳児は、1段20センチほどのわずかの差が恐ろしいのです。

私は年長の子に「あんたたちの跳び方は、あまりよくないよ」と言って、**まず、つま先立ちでかかとを上下させて、バウンドの仕方を練習させたあとに、「足裏の前のほうからおりてごらん」**と、手本に1段目から私が跳んでみせました。

「ほら、音を聞いてごらん。おばちゃんのは音があまりしないでしょう。あんたたちのはまだ音がするよ」と言い、「うまく跳べたら1段ずつ上がってごらん」と言って帰宅しました。4歳児にはわざとなにも教えませんでした。

後日、4歳の男の子のひとりが、「おばちゃん、4段目から跳べるよ」と言ったのです。「おばちゃんの言ったように跳べるかな?」とすぐ見せてもらいました。

すると、しっかりつま先で立ち、**前のめりに着地してふんばったフォームは、後ろ**

へひっくり返って頭を打つ危険のない立派なものでした。

「4段目より上から跳ぶのは、大人が見ているところでないとダメよ」と言う私の言葉に、とても素直にうなずいてくれました。

さぞや大変な努力をしていたのでしょう。

高いところから跳びおりる勇気はとても大切なものですが、「ドシン」の着地は気分のよいものではありません。

「恐れ」と「気分の悪さ」が相乗して、より高いところへ挑戦したがらなくなります。

新しいものへ冒険をするチャレンジ精神をつみ取りたくないものです。

35

非利き手の感覚をみがく

幼児では、もうはっきりと利き手と非利き手ができていますが、大人ほど左右の手の器用さの差はありません。どちらも不器用です。

私は右手も左手もどちらでも同じように使えるようにしようとは考えませんでしたが、極端に優劣があってはいろいろ作業をするのに不便ですから、息子たちが非利き手ではなに一つできないのではいけないと思いました。

まず、**力の入れ方、握力などの差がつかないよう、腕や肩の筋肉を両方とも同じように鍛えました。**

重い荷物などを持たせる場合、右手と左手を同じ時間ずつ交互に持たせたり、左右同時に同じ力を入れなくてはならぬもの、鉄棒、なわ跳びなどがよいと考えて極力させました。

日常生活の中では、どうしても利き手のほうをよく使うので、利き手はますます器用になり、差は必然的についてしまいます。

左右差がつかないように注意したことは、片手で作業や動作をさせないことでした。息子たちが利き手だけを使っていると、**非利き手を添えるよう口うるさく注意**しました。

箸使いで食べ物をこぼさないようにするのは、非利き手の器の支え方が大きく影響します。積み木でも、もう一方の手で支えながら積み上げると、倒れる率は少ないのです。

右手・左手を同じように使いこなす両手利きになることは、練習をすれば可能でしょうが、手にはそれぞれの役目があって、それを無視すると上達より先に神経がまいってしまうこともあります。

大変な努力で左右差がなく動かせるのは、訓練した動きに通じることで、なにごとも等しくできるなど普通ではありません。

ハサミを使って折り紙で円を切るとき、非利き手の動かし方が大きく関わります。非利き手の重要性や、分担性がよくわかるはずです。

片手で作業しないよういつも注意することが、非利き手のうまい使い方を幼児自身が開発していくのだと考えて、どんな場合でも左右の手の位置に注意します。

特に道具を使うとき、たとえばクレヨンで絵を描くとき、片手だけで描けても、他の手で紙面を押さえる、添えることを注意します。

利き手の器用さは練習の度合いで育ち、非利き手の感度のよさは経験数で育ちます。

いつも両手を使う幼児は、非利き手の感覚をみがき、利き手を補助していけば、利き手はますます器用になり、精密な動きができます。

手をよく動かすと頭がよくなるということよりも、お母さんは器用・不器用が生活に大きく影響していることをよく知っているはずです。

わが子の将来のためにも、器用な手を育ててあげてください。成人してから器用になるための訓練は厳しく、成果があがりにくいのです。

初めて持つ道具使いに、利き手・非利き手をうまく協力し合うように促すだけで、幼児はみずから開発して、器用さを身につけていきます。

36

手指《しゅし》を器用にするために

パパと指相撲をするときは、パパは10数えるまで押さえ込んだら勝ち、幼児は年齢に応じて5つとか3つ数えたら勝ちとハンデをつけます。

幼児は懸命に考え、ひきょうな手段まで使って勝とうとします。自分が相手を押さえ込むと、機関銃のように数を数えます。

指先に力を入れてつまむということは、なかなか難しいことですが、手を使ってする細かい作業の基礎になりますので、**遊びの中で指先に力を入れることをまずやらせてください。**

親指だけに力を入れずに、他の指にも力を入れ、相手の手のひらに爪を立てたりしながら、力の配分をいろいろ考えないと、指相撲は勝てません。

手の指に力をほとんど入れず、相手に油断させておいて、パッと瞬間的に力を入れて、相手を押さえ込む知的な戦術まで覚えるのは、きょうだいの少ない現状では難しいので、親が手助けしながら早く身につけさせたいものです。

小さい部品のあるブロック（たとえばレゴ）で遊んでいる幼児は、薄いブロックを離すとき、どうしても指先に集中して力を入れられず、歯の力を借りて外そうとするものです。

こういうときは歯を使うことを極力禁じ、「どうしても取れないときは、ママが取ってあげるから、**手の指で外すように練習してね**」と頼んで、私は息子たちの指先を器用にするための訓練を試みました。ちょっと目を離すと、彼らは便利な口や歯を使います。

指先を器用に動かせるようになるには、口や歯を使わせないよう注意します。**うまく手を動かせるようになるには、失敗は当然だということを知らせる**ことです。幼児が自分の好きなことをするときは、驚くほど熱中するという特徴に合わせてさせることです。

できるだけ幼いうちに、器用さを身につけておけば、その動きを応用、発展させて、生活すべてに手指を有効に使えるようになります。

幼いうちは、口や歯のほうが強い力を出せるので、口に手の代行をさせないように注意します。

赤ちゃんのころの、小さなものを、小さな指先でひょいとつまみあげる動作から、やがて1本の指先だけに力を入れ、大きなものの中から小さなものを振動を与えず動かせるようになるのは、とても高度なことです。

時々、遊びを見て親がいろいろ忠告してやるのも、こうした基本的な手指の動きを器用にさせるためには必要なのです。

学校へ行ってから、鉛筆や箸の持ち方がおかしくなっても、「こう持ちかえてごらん」と言えば、そのとおりすぐ持って動かすことができるような手指の器用さは、小学校に上がるまでにつくようです。

幼児期に器用に手指を動かせた人が、成人して不器用になることは少なく、幼いときの不器用さの影をいつまでも持つ大人は多いのです。

もちろん、単純作業なら早く動かすことはできるようになりますが、これは熟練によるスピードアップです。

幼児に求められるものは、**手指の器用さの基本型**です。

37

刃物の危険さと便利さを教える

私の長男が中学生のとき、草刈り鎌を持って登校する長男を見て、都会から移転したばかりの小学生を持つ奥さんに、「まあ、危ないわね、鎌なんか持たせて」と言われました。

私たちが住んでいる愛知県犬山市の郊外は田も畑も多く、夏など通学路はすぐ雑草でおおわれてしまいます。中学生ともなれば草刈りなどの作業をしますし、子どもたちはそれまでに鎌を持った経験がある子が多いのです。

もし、その年齢になって、鋭利な刃物を初めて持ったならば、中学生の腕の力で傷つけると大ケガになります。指の1本も落としかねません。

しかし、私の息子はそれまでに刃物を使いこなしていましたから、私は少しも危険だとは思わなかったのです。不注意からくるケガは大人でもします。

幼児にいつ、どんな刃物を持たせるか、これは個人によって適期が異なります。

ものを加工する、工作することに興味が出て、親のハサミやナイフに「私も」と手を出し始めたら、まず、よく切れるハサミを用意し、そばから手を添えて持たせます。

刃物は力を入れなくても切れるもの、肌を傷つけたら痛いことを知れば、**「この刃**

はよく切れるから、気をつけるのよ」と言ってやることで、刃の持つ危険性を知るように、刃に応じた力の入れ方がわかるように、何度か手を添えて持たせます。

刃に応じた力の入れ方をわからせるには、幼児が手の力をいっぱい入れてやっと切れるような刃物では、微妙な刃ざわりがわかりません。

また、**刃物は必ず親の許可を得てから持たせる**ようにします。「ハサミを使うときには、ママに言ってからよ」と無断で刃物を使うことを禁じます。

ハサミやナイフを持った手の位置だけでなく、刃物を持たないほうの手の位置などもよく見て、あわてずに切らせます。紙を一度切るともとに戻らないことも教えます。切ったらどうなるか、切ったあとのイメージを**「本当にここを切っていいのね？」**と念を押してやりながら切らせます。ひと声かけることで、もう一度注意を促し、落ち着かせます。

もし肌を傷つけても、親が注意していると、さほどの傷になりませんし、少々血が出ても親のそばなら処置も早くできます。

鋭利な刃物での傷なら傷口を上から押さえず、**傷口をくっつけるように周囲から皮**

膚をよせて、止血するまで固定しておきます。「我慢できたら、我慢しなさい」と泣かさず、失敗を反すうさせるのもよいことです。

親の注視のもとで刃物は使う。親もゆっくり見てやり、教えられるときに、ちゃんとした持ち方、気の配り方を教えます。

切れ味に応じた力の入れ方をしなくてはならないことを、少しの力でもよく切れる刃物で覚えさせます。大人でも切りにくいハサミやナイフを力まかせに切ることから、刃物使いのスタートをさせてはいけないのです。

刃物の危険さと便利さも、同時に教えます。

これは、親がそばについていて教えるべきことです。

ケガをしないハサミ、どちらの手でも持てるハサミなど、刃物をうまく使うための練習用のものではありません。

特に他人を傷つけないことを主として考えられている、よく切れる本物の刃物だからこそ、**放りっぱなしにしてはいけない、刃を外へ向けて渡さない、動かさない**——ことなどを教えられるのです。

38

字の書き方はこう教える

就学前の4人の幼児に、習字を教えたことがあります。それぞれ個性があって、平均以上にいろんなことができ、親の教育水準は高く、十分に知的刺激が与えられていますので、ひらがなはどの字も読め、だいたい書けます。

私の仕事は、覚えている字を、形よく書けるようにすることです。教えているうちに不思議なことに気づきました。**どの子にも、どうしても上手に書けない字があるのです。**おかしなクセがついて、なかなか直らないのです。

その字は自分の姓名に使われている字なのです。

いったい、どうしたことでしょう。

誰でも字を書くのなら、自分の名前が一番先になると思います。字を覚え、初めて書けた自分の名を綴《つづ》って、得意気に見せるわが子を、親はきっとほめるでしょう。どんなに形がおかしくても、字の形になっていなくても、それらしいものを見て、ほめるのではないでしょうか。字画の多いのは大きくなったり、長すぎたり、やっと見える点だって、親は認めてしまいます。

この名前を書けるのが早かった子どもほど、字の形がおかしく、直せないのです。

手をうまく動かすことができず、小さな丸も描けないのに、字を書いて、認められてしまったからです。

私は**親のほうから字を教えないのがよい**と思っています。

子どもが字に興味を持ち、拾い読みすれば、字を書きたがります。不器用な手で書く字は、親だから読み取れる場合もありますが、私はこれを認めません。

「ママだからわかるのよ。もう少しちゃんと書いて、**誰にでも読める字でないといけないよ**」と話します。

「が」は同じ点3つではいけない、「り」はくっついた線2本ではいけないとか、ちょっとした注意をします。

どうしても書けないのなら、折り紙やお絵かきをするように仕向け、「まだ字を書かないでいいよ。すぐ、上手に書けるようになるから」と言います。

せっかく書いてきた自慢の字に文句をつけるのですから、「それだけ書けるのなら、こんなふうに書けるように練習してごらん。すぐに書けるようになるよ」とおだてておき、**おかしな形でしか書けない間は、字を書くのをやめさせます。**

私の息子は、バランスよく書くことも絵画的なとらえ方で書き、バスの行き先や、よく見る看板の漢字を誰にでもわかるように書きましたが、ひらがなは書こうとせず、小学1年生で必要な漢字など、就学1～2か月前から書き始めました。

自分で手本（かるた）を見てしっかり似せて書き、バランスよく、濁点一つおろそかにしない字と、「へ」と「え」、「お」と「を」を正確に使い分けることまで、一気に仕上げ、早くから書けていた子と見劣りのない字を書いていました。

39

においの感覚のみがき方

親は、自分よりすぐれた脳の働きを持つ子どもに、自分が使いこなせなかった脳の働きを持つように――と望みます。親ができないから教え込めないということでは、親よりすぐれた頭の働きをする子は育ちません。

私は、**自分が知識の応用でしかわからないことを、子どもには感覚としてわかるようにしようと考えましたので、生まれたときから感覚をみがくよう努力**しました。

その中の一つに、**〝においの感覚〟**があります。

子どもが台所へ寄ってきたときなど、「今日のおかず、なにかな？」「いままで、ママがなにを切っていたかわかる？」「香りがなくなるから、フタをしておいて」と話しかけてやります。

食べ物、料理に興味を持たせるだけでなく、**においにも注目させる**のです。

こうして、食べ物なら材料の相性を知り、「このスパイスはどうも合わないなあ」とか、「ゆで玉子にパプリカをかけて」と好みを言ったり、新しいアイデアを出してくれたりするようになります。

においに限らず、音も目に映るものも、私の生まれた昭和初期と比べたら、大変な量と質になっています。

私の息子たちはテレビの洗礼を生まれながらに受け、その後はカラーテレビ、そしてコンピュータの画面を見ています。このように感覚の入力は多いのですから、これを出力に結びつくようにしてやらないといけません。

現在の子ども、特に小学高学年以上の子がしゃべるのを見ると、「わかっているんだけど、どう表現してよいかわからない」――複雑に脳を働かせているのにうまくまとめられない、どの回路を通ったものから表現しようか、その方法がわからないような、まとまりのないタイプの吃音《きつおん》に気づきます。

親の知っているものだけでも、わが子へ身につけさせておくことが大切です。

親の身についていないものは、子どもがみずから開発してくれないといけないのです。**「親が感じ、なにかわかる」ものは、何度も反復して話します。**

嗅覚《きゅうかく》など複雑に化合したものは、子どもみずから開発してくれるのを望みます。

親は「イヤなにおい」「イイにおい」と分類せず、物質の持つにおいとして幼児に伝えることです。たとえば、台所からにおってくる〝タマネギと牛肉にプラス・アル

ファ〟のにおいに対し、

「おかずはハンバーグ？」

「残念でした。ミートボールです」

などと会話を入れながら、**においから内容を知り、内容からできあがったものを想像し、それを言葉で表現**できるようにします。

そして、**子どもにしゃべらせるよう心がければ、形のないものをどのように感じているか**がわかります。

「鶏肉はキライ。においがイヤだ」など、親が好ましくないと思っているにおいについては話さないことです。

それよりも「このスパイスを入れると、鶏のにおいがしないでしょう」「ママはこのにおい好き。おまえはどう？」と会話をつないでください。「キライ」と親が言うと、話は切れてしまいます。

「キライ」「イヤ」は消極性につながる言葉です。

幼児にとって、まだまだ母親は絶対的な存在なのです。

40

自然の中で立体視の訓練を

自分の子を育てているときには、考えてもみなかったことですが、近所の小学生の日常生活を観察した結果、視覚におかしなことが起こっていることを知り、驚きました。

玉子のパックを開けると、その中の一つに小さなひびが入っていました。

そこで、その玉子だけ他の玉子と上下反対に入れ、なんでも手伝いたがる小学生と、玉子焼をつくることにしました。

「先のほうが上に向いている玉子は、ひびが入っているから、一番先に割ってちょうだい」と命じました。私には、パックから半分だけ見える玉子が、先のほうか、尻のほうかは、一瞥《いちべつ》するだけで見分けられるのに、その子は長い間眺めまわして、ひびのわずかの明暗の差で、ようやく見つけ出すことができたのです。

その子には以前から、「ちゃんと、ものを見ているのかしら？」と思ったことがありますので、疑いの目を持って注意しました。

いろいろ試してみましたが、どうやら焦点距離の差で、奥のほうや手前側を、はっきり見分けることができず、立体的にものを見られないようなのです。他の幼児たちにも試してみたところ、どうも運動の苦手な子に多いようです。3歳児ではよく見分けられても、小学3年生では、はっきり見分けられないこともあります。

私は息子たちに、テレビを見るとき、**「ちょっと、遠くを見てごらん。まばたき3回しなさい」**とか、**「近くのものを見続けたら、そのあとは遠くを見なさい」**と、必ず実行するように教えてきました。その他、視覚については、ずいぶん多くの試みをしたので、息子たちの視覚の正常さに、疑いを持たずにすみました。

動くものをすばやく見るとか、視野の広がりなどは、**狭い家の中での動き、テレビ、本などの視覚刺激だけでは、決して得られるものではない**のです。

子どもは立体感を、色や明暗の違いで認知し続けます。わずかな体験をもとに、理屈で納得して判別しているのではないでしょうか。

絵画で立体感を見せるのと同じことを、テレビの映像が見せてくれるのですが、それは本物ではありません。

はたして、本物の鳥が木の枝に止まり、その枝がどこに位置づけられているか、子どもの視覚は、距離を見て取っているのか、考えてみなくてはいけない問題です。視覚のセンサーの狂いは、言葉で言い表せません。それしか見えぬ子に、それ以上見える世界を説明することはできないからです。

前述の子には、おかしな行動がいくつか、確実に出ていました。

一緒にランニングをしたり、目標に向かってまっすぐ歩かせると、少しずつフラフラ動くことと、大きくカーブすることが交差して、「前をしっかり見ろ」と言っても、それだけで修正できないのです。

絵を描かせても、写生できないものがあります。単純な茶筒や、急須のエッジが、うまくつながらなくなるのです。技術のまずさではありません。私の描いた平面図は、マネができるのですから。

自然をよく見せ、広い空間を見せ、遠くを見せておくことは、ハイハイして、目の前の小さなゴミを見ることができるようになった赤ちゃんのときから、大事なことなのです。

41

ふれたものがなにかを
すばやく知る

ぬるぬるした感触は、幼児の好むものの一つです。

砂場での泥んこ遊びなどを覚えると、くる日もくる日も、砂に水を入れ、粘着力を強めるために、他から土を持ってきて混ぜ、左官並みの技術を開発したりします。

一度この魅力にとりつかれると、飽きることを知りません。プリンの型づくりから堤防づくりまで、**泥んこ遊びをおおいにやらせてください。**


折り紙を正確に折ることを教えるときは、「よく見なさい」と目で紙の重なりを見て判断させるより、利き手でない手の人指し指や親指の先で、きっちり紙が重なっているかを、手にふれた感じで判断させましょう。初めは時間がかかりますが、いったん覚えれば、早く正確に判別することができます。

また、指の器用さにも作用して、折り紙だけでなく、手使いの上達を早めます。**微細な差は指先の感触のほうが、目より確かですから、私は遊びの中に多くの感触を利用できるように心がけました。**

ジグソーパズルも、右手は一片をはめ込む、左手は他の一片をさわって「どこに合うかな」と、目で探させることや、何度もして飽きたようなパズルも、お正月にする福笑いのおたふくさんのように目を閉じてさせると、新鮮な気分で楽しめ、指先の感覚みがきにもってこいのものになります。

私は、**ふれたものがなにかをすばやく知る**ことは、とても大事な生きるすべに通じるものであると考え、息子が手にするものの感触に気を取られているとき、続けてやられると困るものでも黙認したことがたびたびありました。

爪でガラスをひっかいてキリキリと音を立てることなど、私が耳を押さえてイヤな顔をすると、その様子を面白がってますます続けます。

何度もひっかいているうちに、音を出すためには爪にどれくらい力を入れるか、どのくらいの角度がよいかマスターしたら、そのうちにママの嫌いな音を知り、本人もイヤな音としてとらえていくのです。

目かくしして、手でさわって、そのものが「なにか」を当てる遊びなどは、手の触覚を鍛えるのによい方法です。

背中に指で字を書いて当てる遊びも年長者ならできますが、幼児には、お母さんの背中を指で強く押させ、それを何本で押しているか、なんの指で押しているかを当ててやります。

お母さんはその間隔でだいたいどの指とどの指かわかります。当てられたくないので、いろいろ工夫して、わざと広げて押したり、親指を軽く、小指を強く押したり、押し方で小さいと思わせようとしたりするので、「わあ、強く押したから親指でしょう」などと言ってやります。**相手の感覚に逆らう知恵もつくように誘導**してやってください。

触覚は、それだけを取り出して評価できないものですが、これが敏感だと、いろいろな作業がやりやすいだけでなく、**危険や不安定なものなどをいち早く感知**することができます。

私は、**においや触覚の敏感さが、第六感と言われるものに通じる**と思い、どうにかして、わが子に身につけてやろうとしました。

朝起こしてもなかなか起きない息子たちでも、夜中のわずかな地震を感知します。これなどまさに触覚と平衡感覚の感度のよさだと思っています。

42

健全な競争心を養う

かるた取り、トランプなどの楽しい遊びは、いつも年下の子どもが負け続けて終わります。しかし、この**負けるくやしさを知ることは、じつは上の子には味わえない大変すばらしい刺激**なのです。

親がどれほどわが子のレベルに近づこうとしても、そこには作為があります。**自然に多方面から、自分の幼さ、未熟さを知らされる下の子の環境は、向上心をみがく刺激に満ちている**ので、これをうまく利用することです。

自分が小さいからできないとは、年下の子どもは思わないのが普通です。相手が小さいから、背が低いからできないと思っても、本当はなぜ年長者のできることが自分にできないのか、わからないことのほうが多いのです。

時には、お兄ちゃんよりうまく歌えるし、他の子より早くクイズが解けたりします。そのうちに、だんだん自分でできることが増えてくると、年長者や他人より劣っていたり、負けたりするくやしさがわかってきます。

「おまえは、まだ小さいから仕方がないわよ」となぐさめないで、奮い立たせてください。

「お姉ちゃんだって、おまえと同じころにはできなかったんだよ。おまえのほうがずっとよくできるよ。がんばって、何度もくり返してやってごらん」

「1日や2日で、すぐできるようにはならないのよ。練習しないとね。でもおまえはなかなかよくできるほうだよ」

と、励ましてやってください。**自分に挑戦しないとダメだ、ということを知らせるよい機会**です。

きょうだいがいない場合は、同じ年の友達と遊べるようになるまで、**親が子の競い相手になる**ことです。しかし、だからといって、幼いからとあまりにもレベルダウンして対応しないよう心がけてください。

「ワーッ」と声を出して息の長さを競い合うゲームなどもよいでしょう。ジャンケンや百人一首を使った坊主めくりなど**「あまりグーばかり出しちゃダメよ」「そろそろ坊主が出てきそうよ」**とか、先を読むヒントを与えてやります。

そして、親の2点と子どもの1点を等しくするようなハンデをつけることで、親も懸命に競争することです。

勝ったときは大げさに喜び、負けたらくやしさを表すことです。

「2点と1点だったら損だ。3点と2点にしようよ」と、遊びの前にハンデについて話し合うことも、見えすいた負け方をするよりもいいのです。

私は、親のありのままを見せてやるほうがいいと思い、時には「まだまだおまえになんか負けるもんか」という態度を見せました。

子どもは、やっと覚えたかるたを「これは私のよ」と抱え込んだり、他の子が取ることをこばんだりしますが、これをいつまでも許さずに、そのカードをめがけて取り、「みんなも覚えているのよ」と挑戦してやります。

文だけでなく**文字をしっかり覚え、言葉をはっきり聞き分け、多くの中から文字とその文字をとりまく条件（色、絵、空間）も知らないといけない**ことなどを、遊びの中から意識させます。**負けてくやしければくやしいほど、がんばろうとする積極さを**養ってやってください。

43

〝3分の時間感覚〟を身につける言葉がけ

〝時〟の感覚も、〝におい〟と同じように、3～5歳に身につけるのが効果的です。**私は砂時計、タイマーなどを使って、「なるべく正確に3分を知る」ように教え込みました。**

この「3分」というのは、子どもの日常生活の中の洗面、あと片づけ、お手伝いなど、自分があまりしたくない、親から言われた義務の仕事などをさせるとき、3分なら飽きずに、だらだらしない時間と考え、私が決めたものです。

お子さんによっては、もっと長くしても、短くしてもよいのです。

時計を見ながら「3分」をはかって知るのではなく、ごはんを食べながら、3分経ったかなと感じたら、「砂時計を見てごらん」「おもちゃを片づけている間、何回砂時計をひっくり返したか覚えていて」「3分経ったら風呂の水がどのくらいになったか見にいってくれる?」といった具合です。

他のことをしながら、時間の経過をなるべく正確に知るようにさせるため、この〝タイマー〟をよく持ち出し、**「時」の小さな単位**を身につけさせます。

「3分」を1単位として「時」の流れをはかれるようになれば、「風呂の水を10分くらいでいっぱいになるように、水道の量を調節して出してごらん」というお手伝いをやり遂げることも、5歳児だから無理というものではありません。

自分の感覚を試す面白さに、挑戦してくれるように仕向けることです。

形のないものを知るには、感覚をみがくのが一番の早道ですから、子どものほうから興味を持ってくれるように導くことです。

時計があれば必要ないことですが、「3分」が正確にわかることは、日常生活をうまく要領よくこなしていくことにつながります。

一つひとつの行動について、**自分の仕事量を正確に知ることに「3分」という尺度は役立ちます。**

「この仕事は、何分間ででき上がる」ということがわかれば、立てた予定どおりに事が運ぶ一つの条件になります。

どんなに熱中していても「3分」くらいの時間は誤差なくわかるようになるには時間がかかりますが、その感覚は早くから「時」とのつき合いをさせることで身につきます。

「3分間で服を着なさい」「3分を3つ分くらい、ひとりで遊んでいて」など、子どもとの会話の中に「時間」を入れてください。そして、ときどき「もう1分すぎたよ」とか、「もうすぐ3分になるよ」とか、時計を見ながら声をかけてやることも必要です。

またこの**「3分」を知ることで、自分の仕事を集中して「3分」行い、息抜きして「3分」だけ一生懸命やるという行動パターンを身につけることもできます。**

「3分」がわかるためには、2～3歳ごろに予備訓練が必要です。

時計を見ながら「ワーッ」と声を長く出し続ける競争を親子でして、「時」の観念を入れ込んでいくことを始め、**「この時計の針がここにくるまで、ひとりで遊んでいてね」**とか、「時」という形に表せないものをしっかり身につけさせておきます。

44

本当のウソとはなにか

「ママはトイレでタバコを吸うよ。ビールも飲むよ」と言った長男の言葉で、私の母は驚いて「そんなイヤらしいことをしているの」と私を詰問してきました。

いったいどこからそんなことを想像して言ったのでしょう。

しかし、私はこれを、「ウソ」をついたとは受け取りませんでした。

きっとなにかから想像したのでしょう。ビールもタバコもたしなまない母親を不思議に思ったのか、吸ってほしかったのか、トイレにタバコのようなゴミが浮いていたのか、いまでも原因はわかりません。

「オオカミと少年」のようなウソ（『イソップ物語』に出てくる、人の関心をひきつけるためのウソ）を4～5歳までの幼児がつくことはめずらしくありません。

幼児はウソと意識してウソをつきません。ないものを〝ある〟と想像した言葉をウソと評したのでは、夢を育てられません。

幼児がなにを考えているか、相づちを打ちながら、幼児の心理を探るよい機会と考えて、時には同調してやってください。

ただ、あることないこと、口から出まかせに言うときがあり、これが長く続くことがあります。そんなときは無視したり、とりあわなかったりしながら、うまくさえぎっていきます。

「おばあちゃんのところへ行ってきたの」と言う男の子の言葉に、その子の祖母は遠くにいて、すぐ会えるわけはないので、「いつ行ってたの？　どこへ？」と聞いてみると、具体的にしっかり答えました。

いつも仲よしの同じ年の子には近くに2人のおばあちゃんがいて、その交流をうらやましく思っていたのです。いろいろと自分の〝おばあちゃん〟をつくって頭の中で遊んでいたからか、じつに見事にひとりのおばあちゃんをつくり出していました。

私はその子のお母さんに、遠くにいる姑さんを訪問するようすすめました。

お母さんはその子に姑さんの写真を見せ、いろいろ話をしてやりました。

それをどのように受け止めたのでしょうか。

その子は、友達に「ぼくもおばあちゃんがいるもん」と何度も言ってうれしそうでした。

前の創作のおばあちゃんは消えていったのです。

あるとき、「ママにウソをついた」と強く叱られ、外へ放り出されて泣いている女の子がいたので、私はお母さんに「どんなウソをついたの？」と聞きました。よその家にあがりこんで、おやつをさんざん食べ、そのことを母親に伝えなかったのを、何日か経って相手の人から聞かされたので、恥ずかしさから娘を叱ったのだそうです。それも「ウソ」という言葉を使って。

この女の子は、「ウソ」をついたのでしょうか。

「ウソは泥棒の始まり」というイヤなことわざがあります。

お母さんは自分の好まないわが子の言動に、「ウソをついたらダメ」と気軽に「ウソ」という言葉を使います。

でも、**本当の「ウソ」とはなにかを考えないで、「ウソ」の言葉で叱っているのは、お母さんのほう**なのです。

45

お年玉は貯金するものではない

お正月。子どもにはふさわしくない多額のお年玉を手に入れることがあります。その年ごろでは使いきれない金額の場合は、貯金させたり、親が預かったりします。子どもたちは、うれしくないのに礼を言わされたりします。

これでは**お金の値打ちを教えるチャンスを逃してしまいます。**

自由に使えるお金なら、それなりのうれしさはありますが、**4～5歳くらいの幼児が、万に近いお金を手に入れて、自由に使っていいというのは、一家の生活費から見てどうでしょうか。**

私は他人からもらう小遣いやお年玉は、「本当は、『お菓子でも』とお土産を買ってくる代わりに、あんたにお小遣いをくださったのよ。ママの子どもでなかったら、決してくれないものなのよ。だから、これはママがもらいます。お客様には、お茶やお食事を差し上げたりして、大事にしなくてはいけないからね」「ママはあちらのお子さんにも、お年玉をあげなくてはならないからね」と言って、もらった全額を取り上げました。

しかし、**「おじいちゃん、おばあちゃんのは、全部使っていいよ」**と話し、祖父母には前もって、子どもが日ごろほしがっているものが買える程度の額にしてもらうよう頼んでおきます。

もらったお金の使い方は、子どもの自由にさせます。

私の息子たちのときは近所に駄菓子屋があり、**一定の金額の中でなにを買おうか迷い、選ぶということができ、少額でもお金を使う楽しさを知る**ことができました。

このごろでは、そんなお店が少なくなったのは残念です。

手持ちのお金を自由に使うためには、ばかばかしいものを買ってしまった、という思いをすることが大切です。

無駄を知るのは、自分で選んだものでの反省でなくては身につかず、大人になって〝無駄遣いの名人〟になって、どうしても直せぬ性《さが》を嘆かなくてはなりません。

小遣い（1回に消費できる額）を持って、子どもの好きそうな小物・菓子を売る店につれていき、30分くらいに時間を制限して自由にさせ、「なんでも好きなものを買いなさい。そのお金を全部、使ってしまいなさい」と言います。

その間、決して親は口をはさまず、批判しないでおきます。

母親は見るとなにか文句を言いたくなるものですから、その間は見ないように、他の場所で他のことをするのがいいでしょう。

そして**買ったものは、子どものほうから見せない限り見ない**ことです。なるべく安いものが数多く並んでいる店を探してください。

親の目に映る無駄なものを、本人が無駄だと気づくまでは、本人にとっては価値のあるものなのです。

すぐつぶれるオモチャ、毒々しい色のお菓子——この価値を認めないのは大人なのです。

年に何回かこの無駄遣いができるならば、お年玉は待ち遠しいもの、お金はうれしいものになるはずです。

お年玉は貯金するものではないのです。

パート
4

勉強ができて、心の強い子に育つ

10の心得

46

数学的センスをどうつけるか

4歳ごろになると、1~10まで、1~100まで数が言える子がいて、親の自慢の種になります。

私の息子たちも数えることはできましたが、私が認めるのはそんなことではなく、**数学的思考の基本的なものを身につけて、数えているかどうか**ということでした。

私は**数学的なセンスのある大人になってほしい**と願っていましたので、そのための条件を整えて育てました。**単なる数字の暗唱はさせたことがなく、1と2の違い、特に「0《ゼロ》」の概念をどのようにつかませるかに苦心しました。**

当時――1960年代前半ごろ、ロケットがさかんに打ち上げられ、よくニュースの時間に「スリー・ツー・ワン・ゼロ」と言って、ゴーッと発射音が響きました。次男の大好きな人形劇『サンダーバード』など、この逆読みがよく耳に入りました。

私はこの言葉を、時間がなくなるということを教えるのにわかりやすいと思い、利用しました。

「早くして、ほら、テン・ナイン……」とか、「5つ数えるまでにしてね。5・4・3・2・1」と言ってせかしたりしたものです。

瞬発力をつける動作をするとき、「イチ・ニ・サン！」というかけ声の日本式と、どうも発想の違いを感じます。

1から数が始まるのは、有限の計算には強くなっても、「0《ゼロ》」の感覚が数字から入ってこないように思えるのです。

カレンダーも時計も、私は**算用数字のはっきり書かれたもの**を選び、息子たちに見せて数字に興味を持たせ、**会話の中にも数を入れる**よう心がけました。

「時計の長い針が5のところへくるまで10分待っていて」と言い、あやふやな「ちょっと」「すぐ」などの言葉は、母子の間に通じる暗号のようなものだということを息子たちが理解したあとから使いました。

また、数字を書くときも、漢字やかな文字と同じように、正しく書くように求め、**やせっぽちの7や太っちょの5などは認めず、字に大小はなく、1も9も同じスペースに書く**ように命じました。それができないうちは、字など書かなくてもいいと思っていました。

数字を横に続けてくっつけて書くことにも「そんなにくっつけると、あなたの数えられないほどの数になるんだよ」と注意して、**位取りがわからないのに親の欲目で勝手に読み取ってほめてやることは、絶対にしませんでした。**

また、細長いカードに0～9までを一組にして何組もつくり、そのカードで遊びを工夫しました。

電話番号を並べたり、スポーツのスコアなどをマネて並べたり、バスの行き先などをカードでつくるうちに、記号としての数と、ある大きさの意味を持つ場合の数を知ります。

カードを整理するとき、0～9までをひとまとめにして、1～0とまとめない（0を最後にしない）など、そのときの知能の程度をはかり知ることができます。

計算などできなくても、**お菓子を分けるときに3人だと分けにくいとか、大きそうなもの一つと小さいもの二つと、どちらが得かなど、直感的にわかることのほうを高く評価**しました。

47

4～5歳までに地理感覚をつける

「白いお家《うち》がほしい」と言う女の子と住宅広告を見ながら話し合いました。

私が「おまえの言うこの家は、ダメだなぁ」と言うと、「なんで？」と言って理由を聞いてきました。

その家の間取図を見て、その子の家族構成から「ダメ」だと言った私と、外観の写真から「ステキだからほしい」と言う女の子の意見が合いません。

そこで図面で説明しましたが、どうしても5歳の子は平面図から現実を想像できませんでした。

私の家は2階がありますが、まず、平屋のその子の家と比較しながら図を描き、自分の家の図から、玄関の大きさ、居間の大きさを図で比較させ、図の上で6畳の大きさを教えました。

階段のために使えない面積などを話し合い、現物との比較をしてその子は一応わかったようにうなずきましたが、**この空間の感じ方は、もっと早く身につけることができるはずだ**と思いました。

自動車好きの私の長男の絵は、車の横側の絵ばかりですが、2～3歳で年式がわかる絵を描いていました。
「これとこっちはどこが違うの？」と聞くと、「これは前のランプがね」と言って言葉で差異を言えたので、「前のほうも描いて」と頼んだら、前も後ろも描いてくれました。息子をほめると、面白がって車の展開図を描き出しました。

立体を写実的に描くのは高度な技術ですが、この展開図や記号で立体を表すことができることを知ると、年齢に関係なく、立体をいくつも積み重ねた平面図から下積みの立方体の個数を知るクイズ絵を解けるようになり、5歳くらいでは、ずいぶんはっきり立体のイメージを抱くことができます。

ビンのキャップもピンポン玉も絵に描けば同じような丸になりますが、この差異をどうしたらいいかという私の問いに、いとも簡単に円の中に矢印のような弧を描いて答えた次男は、兄の地球儀を見てヒントを得ていたのでしょう。

きょうだいでも、片方は陰影をつけるという技術で答え、片方はすこぶる論理的に記号をつけて球体を表し、個性と脳の発達部分の違いを見せてくれました。

方向感覚などは、幼児のころにこの立体感を置き換えることが身につけば、高低が変わり、東西が変わっても、頭の中でうまく整理して、いまいる自分の向きから関連させて正解を出せるはずなのです。

このような**勘は、4～5歳までにつけてやると子どもの行動範囲が広がります。**遠くまで遊びにいって困るという側面もありますが、迷子にならず自分の行動に自信が出て、積極的になります。

既成の絵本の中から、迷路遊び、かくし絵などをやるのもいいですし、自分の家の見取図や、スーパーの玩具売り場の配置、駅までの道路図で、「このごろのお日さまは真西に沈まないな」とか、テレビの天気図などを見て、「梅雨前線がやってくるぞ。明日は雨だ」など、教えるのではなく、**話し言葉の中に盛り込めば、いろいろな広がりを覚えていきます。**

48

どんな子も、運動すれば
コロッと寝入るもんや

寒くなると、動きが鈍く、小さくなりますので、暑いときに比べて運動量が少なくなります。

昼寝もしたりしなかったりですが、1日の睡眠時間は長くなります。また、ベッドに入る時間も遅れ、夜ふかしになりがちです。

しかし、まだ幼児の段階では、その日の運動量によっては昼寝が必要です。昼寝をしたり、させなかったりすると、就床時間が乱れがちになります。

子どもは成長するにつれ、毎日昼寝をしなくてもよくなります。

昼寝の習慣をなくすのは、冬が近づくときのほうが自然にできるようです。夜ふかしにつながる昼寝などしないほうがいいと考えて、幼児の体調に合わせて早寝させることが大切です。夏よりも冬のほうが夜は長く寝てくれます。

私の長男は生まれた翌日から目を開けており、睡眠時間の短い、寝つきも寝起きもよい子でした。

次男は寝ぼうしてばかりで、静かにさえしておけば1日中寝るのではと思える子でした。しかも、寝つきも寝起きも悪いので、いかに早く寝つかせ、睡眠時間を短縮させるかと、いろいろ試みたものです。

わが子の睡眠タイプをよく知っておくことは大切です。

必要な睡眠時間は成長につれて短くなっていきますので、それに合わせて熟睡させるようにします。

眠くないのに暖かい部屋でうつらうつら惰眠をさせると、寝ている時間は長くても、眠りの足りないタイプにしてしまいます。**特に寝つき・寝起きの悪い子どもには、まず運動をよくさせて、床につけばコロッと寝入る工夫をします。**

次男の場合は、運動を十分させ風呂に入れてよく体を温め、ふとんも温めておきました。時には温かいミルクなどを飲ませ、寝かせたものです。寝入ってしまったら不必要でしょうが、明け方にはコタツを入れてやりました。

床に入ってから話をするということはせず、手や足の指先を軽くマッサージしたりして温めてやり、「おふとんの中でごそごそ手足を動かさないように」と命じ、かけぶとんの上からリズムをつけてゆっくり体をたたいてやりました。

単調なトントンという音をだんだん遅くして、次男の呼吸がそのリズムに合いだしたら、そばから離れました。

私は息子たちが少し熱っぽいとき、カゼぎみのとき、疲れが襲ってきたとき、顔色が悪いとき、ケガをしたときなど、いつもより1時間ほど早く寝かせました。

このような場合、冬はらくで、床や部屋を暖めることでふだんより早く寝つかせることができます。外気温との差で眠りをコントロールしやすいのです。

惰眠をさせない、早寝させたい、昼寝を少なくする、熟睡タイプにする、早く起こしたい、寝起きを機嫌よくさせる――などは気温の低い冬期が、温度をコントロールすることで改善していくのによい時期だと言えます。

ひと冬で眠りをコントロールできればよいのですが、夏期に体調を狂わせやすいので、何年か試みる必要があるでしょう。

49

保育園・幼稚園は休ませるな

私は2人の息子をベタベタとかわいがって育てましたので、息子たちはわが家ほど居心地のよいところはなく、母親がいればなにもいらないと思って育っていました。

ひとり遊びはいくらでもできましたが、2人とも近くの私の実家でさえ泊まろうとはしませんでした。

長男は保育園、次男は幼稚園に通わせました。

3歳で保育園へ通い始めた長男は、送迎バスが行ってしまっても泣き声が聞こえるほど連日泣きました。次男は幼稚園の年長組に入ったのですが、半年近くも正午になると、「ママに会いたいよー」と言って大泣きしました。

それでも2人は園に行かなくてはならないと思っていましたので、行くのはイヤだと言って休むことは1日もなかったのです。

長男には私が仕事をしなくてはならないことを、次男には学校へ行く前に団体生活をする必要があることを、よく言い聞かせていたのと、私の命令は自分のためになされているという信頼感を植えつけていたからです。

幼児は、自分の身のまわりの世話を心をこめてしてくれる保護者のそばが好きで、

その絆が太いほど離れたがりません。

よく最初に通わせるおけいこごとや、保育園・幼稚園を、幼児がイヤがるという理由だけで気軽に休ませるのを見かけます。

「小さいから仕方がない」「こんなにイヤがるのに、行かせるのはかわいそうだから」「幼稚園のうちは休ませても」と弁明する親は、**自分の子を年齢以下の能力の持ち主と見て保護しているばかりか、園を子守の場と考え、園で学び取るものを考えていないのです。**

決められた学課を勉強する小学校なら休ませないが、園は休ませてもいいというのでは、教育ママとそしられても仕方ありません。

幼児の学習は「いろは」だけでなく、あらゆる行動が大事と考え、園へ通わすようになったら、よほどの理由がない限り休ませないでください。

「イヤなことでも、しなくてはならないことがある」という義務感の初歩を、通園することで教えてほしいのです。

また親は、わが子が生活環境の変化にどのように適応していくかを、観察しなくてはなりません。

なにか問題があれば、親はそれまでの育児を反省し、子のヘルパーになって1日も早く適応できるようにしてやり、園を休むことでお茶をにごしてはならないのです。

毎日の園生活で疲れやすく、熱を出すようなら、体を鍛えてやらなくてはなりませんし、早引きさせてもらって調節したりしなくてはなりません。

私も息子たちを送り出して、そーっと園での様子を探り、泣く理由を解明し、保母さんと相談しながら方策を立てなくてはなりませんでした。

私はいまでも、息子たちの泣くのを気にせず、泣かせっ放しにして他のお友達に「放っておいてあげようね。きっと泣かなくなるよ」と言ってくださった先生と、自分も泣きたくなるのを我慢してくれたお友達に感謝しています。

50

感情にとらわれない叱り方

3歳をすぎると、言い聞かせたらわかるとは思いますが、どうしてもたたいたほうがいい場面があります。

私はヒステリックにたたいてはいけないと心しましたが、子どもが何度禁じても禁を犯し、約束を破ったり、お客様の接待中には強く叱らないのをいいことに、**言われたことを守らぬばかりか、親の弱みにつけ込む態度を見せると、体罰を与え、押さえつけて従わせました。**

1～2歳くらいまでは、危険から遠ざけるために、痛みで覚えさせるほうが早いと判断した体罰と、違った意味の体罰による痛みがあると考えます。

まだ言葉で諭《さと》すには、基礎的な考えができていない年齢です。

親の意に逆らうことが多く自我が強く出てくる時期、俗に言う「憎まれざかり」ですから、親が癇《かん》をたてることが多くなります。

「早く風呂に入れ！」と言うのに、いつまでも入らず、風呂の中でゆでダコになるほど私を待たせたり、「お客様と話し中に口をはさまないで」と言ってあるのにうるさくまとわりついたり、「よそでおやつをもらったら報告しろ」と言うのを守らなかったりします。
こんなことが続くと、言い聞かせるより、「次はたたく」と宣言し、たたいたほうがいいと思いました。

そのとき、**特に注意しなければならないことは、親の感情でたたく力の強弱をつけない**ようにすることです。しかし、私も凡人ですから、きょうだい2人がかりでやられたりすると、理性を失います。
そこで一案として、**木のしゃもじ（たたき用）**を使ったことがあります。柱にかけたそのしゃもじを取りにいくことで、ひと呼吸置くことができ、たたく力の差を少なくできます。お尻のときも、手のひらも、たたく場所や回数は前もって「お尻3発」と宣告しておきます。

あるとき、お客様の前で、どうしてもたたかなくてはなりませんでした。アメリカ人のお客様のときは、たたいた母親の態度を肯定してくれましたが、日本ではお客様のほうが居心地を悪くして、早々と帰られてしまいました。

あとで私は息子に「おまえを罰したのに、お客様のほうが気分を悪くされた。おまえはお客様にも悪いことをしたのよ」と諭し、今後はお客様の前ではたたかない代わりに、いつもの倍の罰をあとで与える、と言い渡しました。

すると、その後はお客様の前でわがままを見せないようになり、私が他人によいところを見せたいために叱れないなどと、みくびらなくなりました。

「たたく」と宣言したら、必ず、しかも思い切りたたきます。私の手も痛みます。「おまえが悪いことをしてたたくのに、ママの手も痛いなんて、しゃもじを持ってこい」と言うと、しぶしぶ持ってきて、痛みに耐える表情を見せ、私の心を乱すこともありました。

しかし、**親も、心を鬼にしなくてはならない**のです。

たたくばかりでない体罰もあります。どんなものでも、前もって決めた約束を守らなかったときの罰なのです。

51

知性と感性をはぐくむ テレビの活用法

「テレビに子守をさせない」ことは大原則ですが、**テレビをうまく利用すれば、これほど手近で便利な教材はありません。**おおいに見せてやってください。

ただし、**一緒に見て、幼児の興味の持ち方や、なににどのように反応するかをよく知って、応じていくことが必要**です。そうすれば**感覚・知覚・感性をより発展させられます。**

たとえば、明日は楽しい遠足の場合、天気予報や天気図などを見せます。そこから自分の住んでいる場所や、行き先の天気を予測させるのです。〝豆博士〟の登場です。

また大好きなコマーシャルがあれば、音を消して、そのコマーシャルのセリフを言わせると、〝大弁士〟になります。

時報でわが家の時計との秒差をチェックさせたり、声を合わせることで秒読みのリズムを身につけさせます。

結末はどうなるかといったアニメの話、季節はいつかとか、いろいろと共通の話題を提供してくれます。

お料理番組などは、「どんな味かな」と味のイメージ、においのイメージをふくらませるのに適しています。**言葉で言えない味やにおいを画面から想像**できればいいのです。

幼児が「一度食べたいね」「あんな魚は、おいしいとは思わないよ」などと言えば、イメージづくりをして、その批判もしているのですから、味覚や嗅覚の発達もすぐれたすばらしい頭脳に育っています。

劇中のヒーローにあこがれて、自分が主人公になりきることがあります。

男の子はだいたい、人間としての能力以上のものを持つ主人公が好きですから、時には思いがけない夢の世界に入ってしまいます。危険を計算できない荒っぽさを見せたりします。

お母さんも男の子の好むアニメなどをよく見ていないと、男の子の行動に的外れの解釈をして叱ることになります。このことは同時に、うまく利用すれば、思いがけないがんばりを見せて、大きな協力が得られるということでもあります。

歌手の身ぶりを覚えてそっくり似せるのも、それが何度も放映されて目に入っているからで、特にその歌が好きだということではありません。

幼児は同じパターンのくり返しが大好きで、よく記憶できます。

ストーリーが変わっても、その中のしぐさの同じものをマネます。このことからも幼児がものごとを覚えるのに、いかにくり返しがよいのかわかります。

DVDがあればもっと好都合です。

親が見たものを幼児にくり返し見せると、次の場面をすっかり覚え、先まわりして笑ったり悲しんだり、何度も同じ感動を受けられます。

これも幼児の特権です。

再放送など見逃さずに見せれば、大人が驚くほど難しい内容のものでも理解できるものです。また見逃されがちな小さな描写も心に留めておけます。

同じものをくり返し見ることで、〝ながら見〟の初歩を身につけます。

すると、**見たい映像は目で追い、手は遊びに使い、聞きたい場面は耳だけ傾け、絵本を見続ける**ことができるようになります。

52

おけいこは、なにをやったらいいか

3歳そこその幼児のおけいこごとでは、お母さんにかなりの信念があって始めますが、4～5歳児になると、いとも簡単に習いごとを始める傾向があります。保育園や幼稚園へ通わすのも、先生が近くにいる、園が近くにある、まわりの人が習いに行く、近所の友達がみんな園へ通うので友達がいない、なにか一つくらい習わさないとうちの子が遅れる――などです。

私の息子たちは、どちらも特になにかを習いたがりませんでした。師としてよい人が近くにおらず、経済的にも時間的にも余裕がありませんでした。

私は「私のようなガラガラ声のママに育てられていては、ピアノを習わすより、私の声をカバーする意味でも、いい音を多く聞かせるようレコードでも買うわ」と言って、長男が誕生したときに高級レコードプレーヤーを買い、レコードを月謝分くらい手に入れ、聞かせるようにしました。

絵でも、習字でも、幼児にはなにより実際に書かせることです。

筆記用具などをとてもぜいたくにそろえ、息子たちが次から次へと興味が続くように、技術に応じて増やしてやりました。

新聞を何枚ものりづけした大きなしっかりした紙に、たっぷりの墨をナイロンたわしに含ませて、字らしきものを書かせました。思いがけぬ見事な出来に、こんなにうまく書けるのなら上質の紙に書かせ、記念に残せばよかったと思ったこともありました。

おけいこごとも、すぐに飽きるのが普通です。

特に親が決め、親のすすめで習い始めたものは、ものめずらしさがなくなると、興味が薄らぐのは無理もないことです。

ピアノやバイオリンなどを教え込むには、早期に教えて、人としての動きを身につけるのにいいと思いますが、それには**まず子どもに目的のおけいこごとを好きになるように、いろいろ働きかけます。**

うまく芝居をして、まずお母さんが好きなものと子どもが解釈できるようにするのです。そして**自分もしてみたいなあと思うように、仕向けることが先決です。**

「好きこそものの上手なれ」と言います。

「習いに行く？」というすすめに「うん」と言ったくらいではダメで、「私もやりたいよ」と何度も要求して初めて「じゃ、がんばるのよ。すぐやめてはダメよ。初めはなかなかできないからね」と約束させます。

本人の希望に親が仕方なしに従ったと思わせておけば、三日坊主になったときも、スランプになったときも、「おまえがやりたいと言ったのよ」との言葉に、再び奮い立つ自尊心は十分にあります。

どうしてもうまくできなくて、放り出そうとすることは、おけいごとでなくてもよくあります。

そんなとき、「おまえもママも誰も生まれたときは歩けなかったのよ。しゃべれなかったのよ。どうしていま、おまえは走れるの？」と言って、うまく体が動くには、長い年月と努力がいることを教えます。

「おまえは、なんでもできるようになるのが早かったのよ。すぐうまくなるよ」

が私の口グセでした。

53

性器への興味には、こう対処する

冬、コタツに入って寝ころんでテレビを見る機会がありますが、そのときに気をつけてほしいのは、疲れたり、退屈になると、うつむきに寝だすことです。

これが自慰行為を覚えるきっかけとなることがあります。

私は寝起きの悪いタイプの息子たちに特に気をつけ、目覚めたらすぐ起きあがるように仕向けました。そして、寝床でごそごそと体を動かさないように躾《しつ》けました。**動いていた、静かになった、眠った、という行動パターン**を身につけることも、集中力の切り替えのうまい人間に成長させることになります。時間を無駄にすごすことは、成長著しい幼児にはもったいないことです。

男の子が性器に興味を持つ時期は、必ずあります。

恥ずかし気もなく、人の前でシンボルに対する言葉を使ったり、さわったり、見せたりの行為をしますが、この機会をうまく利用します。**性を陰湿なものとしてとらえないように気をつけます。性器は体の一部であり、大切なものであることを教えます。**

このころに自慰行為をするきっかけをつくらないようにします。男の子の自慰行為を見つけると、母親は必ずといっていいくらい止めます。すると、男の子はやがてなにか悪いことをしたらしいと思うようになり、親の目を逃れてするようになります。

また、親が止めないでもいいかというと、そうではありません。このころの自慰行為は、指しゃぶりと同じようにクセになり、やがて他のものが手につかないようになってしまいますから、あえて他のことに興味を持つように仕向けます。

トイレに入る母親を追いかけて、ドアを開けたがるころから、性器に対する興味が芽生えているのです。**親の性器など隠さずあっけらかんと見せて免疫にする**ことです。

性器を清潔にすることも教えます。

汚《よご》れた手でさわり、尿道炎を起こし、大騒ぎするのも、汚い手で粘膜をさわらないことが身についていれば起きないことです。

「そんなところをさわるからよ」と叱らないように。

同時に、口、耳、鼻、へそ、性器、肛門などの洗い方も具体的に教えてください。

また、**お風呂に一緒に入って、幼児が自分で洗えるようになると、体全体を洗う意味**を教えます。

傷のつきやすい性器部分の洗い方では、厚い皮膚、足の裏やひざ、ひじなどの洗い方との違いなどを教え、1か所もおろそかにしない「大事な体」と知らせることです。**どの部分も大切な自分の体なので、衛生上、お尻の穴だけが汚い場所としない躾《しつけ》が、性器に対する興味の持ち方も変えてくれます。**

おむつが取れることと並行して、大小便の管理は幼児がする方向へ持っていきます。パンツが汚れたら、「上手に拭けなかったの」「下痢をしたみたい」などと幼児みずから報告ができて、やっとおむつが完全に取れたと言えるのだ、と思ってください。

また用便の前にも、洗わなくてはいけない手の汚れがあることも、教えなくてはなりません。

54

残忍さとやさしさをどう教えるか

キャベツ畑からチョウを虫かごいっぱいに入れて帰ってきた長男に、「お願い。今日はお彼岸だから、そんな殺生はしないで」と、隣のおばさんが逃がしてくれと頼んでいました。

やっと納得した息子はチョウを逃がそうと虫かごの口を開けましたが、ぎっしり詰まったチョウは飛び出すことができません。

息子は人指し指を突っ込んで無理矢理ほじくり出すので、大部分は死んでしまいました。逃がすのは惜しいという思いがしても、殺したことにはなにも感じていないようです。

他にも、小さなバケツにおたまじゃくしを入れたままにして翌朝全部死なせたのをポイと捨てたり、アリの行列を端から踏みつぶしたり、息子は私がだまって見ていられないことをよくしました。

その都度、すぐ文句を言いたいのを、**私も小さいときやったと思ってためらい、この残忍さにつながる行為をどのように解釈して、息子に対応すべきか迷った**ものです。

思いやりのある子に育ってほしいという願いとは裏腹に、息子の性格の中に残忍なものがひそむのではないかと心配したこともありましたが、その行為のあとの親の態度や応じ方をどうすべきか、見ていて気分のよくないのを頭ごなしに叱らず、「私はイヤ」「次はしないで」と一度は許すことで目をつぶりました。

乳児のころ、よく母親の目や鼻の穴へ指を入れようとして、母親がイヤがってもなかなか止めようとしないことがあります。

これらの行為が、単純ないじわるに移行していくのならいいのですが、残忍な行為に移らないよう、**無力なものへの心ない行いを叱り、弱い者をいじめる子にはしたくないものです。**

私はまず3歳くらいまでは、「かわいそうだね。ママはイヤだなぁ」と軽く非難するだけにとどめました。

生活の中で他の生き物、もちろん人間の赤ちゃんも含め、**小さな弱いものの生態をよく見せてやり、思いやりの心を養うように心がければ、無益な殺生や弱い者いじめの芽は出ない**と思いました。

そこで町中のアパートに住んでいたときには、ハツカネズミや金魚などを1匹飼いました。何匹も飼うよりも1匹飼うほうが動物は人になつき、エサほしさにこちらに寄ってきます。

できれば犬を飼うことをすすめます。それも4〜5歳以上の犬だと、十分感情を表現してくれますし、こちらの気持ちを受け取ってもくれます。

親が大事に動物を飼うことで、自分に注《そそ》いでくれた情愛を知ります。外出から帰ると、まっ先に声をかけてやり、くさりにつながれた犬に同情したり、元気のない金魚を1日中、注意深く見つめたりしているやさしさが、残忍さを切り捨てていきます。

深く考えずにしてしまった行動から、弱い者いじめの快感を覚えてはならないのです。

まず、やさしさを身につけ、そして知能の発達を待てば、必要に応じてハエや蚊を殺しても仕方がない、とする大人の心を理解できるようになるものです。

55

美意識の育て方

幼児のよく遊ぶ場所でスケッチをしていたら、4〜5歳の女の子が「私の顔を描いてちょうだい」と言って寄ってきました。

私はその子の顔の特徴をよく似せて、うまい出来栄《できば》えに描けたのですが、全然喜びません。それどころか、不思議な顔つきで「ママのほうがうまい」と言ったのです。

いつもどんな顔を描いてもらっているのかと思い、次にマンガ的に目はパッチリ、髪にリボンをつけ、その女の子と似ても似つかぬ顔を描くと、それには満足してうれしそうに応じました。

もうひとり、同年齢の女の子の顔を写実的に描きました。するととても喜び、彩色してくれるよう頼まれたので、「髪の色は？」と聞くと「ピンク」と答えました。大人では考えつかないピンク色の髪は新鮮で、その子のかわいらしさを強調してくれて、思いがけぬ効果が出ました。

既成観念にとらわれて、女の子のまつげを目の上下に描き、小さな口元に長い髪、リボン——という型どおりの絵でも自分を描いてくれたと思い込む最初の女の子は、**お母さんの心なく描く絵に、夢や想像力を抑えつけられています。**

ピンクの髪の色を選んだ女の子は、なにもピンクが内容を表すのにピッタリだと思ったのではありません。ピンクが好きだっただけなのです。その子が大きくなったとき、その絵を贈りましたが、ピンクの髪はそのころのかわいらしさを彷彿《ほうふつ》とさせるものがありました。

お母さんが絵を描くとき、上手に描けるほうがいいのですが、**下手でもかまいません。**車なら車の特徴を正確に描く。**見えないものまで描く必要はありません。**

私はよく「おまえの鼻は少し丸くて、穴がよく見えるな」「右の目のほうが少し大きいかな」とか言いながら描いてやりました。

私の体験では、**3歳ごろから美意識も芽生えてきますが、大人の感覚を押しつけてはいけない**のです。幼児のほうは自由に表現しても、**お母さんの手本はよく観察して実物になるべく近く描く**ことです。

絵本にも、ときどき抽象的な絵があります。そんなとき、私は形にとらわれずに、**「とてもやわらかいね」「この色、好きだよ」「こんな花があると面白いね」**などと言って批判せず、眺めさせておきます。

また、あまりにも変わった感覚でとらえた絵本は避けました。それよりも、**しっかりと対象をとらえる**ことが大切です。**幼児の間は、写実的なものでよい**と考えています。

色の好みでいろいろ心理状態がわかるのですが、それにとらわれることなく、幼児の好きな色、ピンクならピンク、青なら青と、**同系統の色を数多く集めて見せてやり、同じ色でもいろいろある**ことを知らせます。

息子たちには、同じ木の葉でも濃く見えたり黄色く見えたりすることを指摘して、「ほら、木の右側はちょっと黒っぽく見えるね」などと話しただけでしたが、あとで多くの色を使って彩色することをし始め、単彩画をいっぺんに卒業しました。

本人が微妙な色合いの違いを観察できたのでしょう。

脳科学の権威・久保田競の

脳と心をはぐくむコラム

運動が上手になるには

2足歩行は、まさに人間としての行動のルーツであり、人間にしかできない歩き方です。歩くことができて初めて他の体の動きができるようになるのです。

幼児は、歩けるようになったら、やがて走り始めます。そのうち、両足跳び（ジャンプ）、片足跳びなどができるようになります。

また、5秒くらい片足で立っていられるようになり、バウンドしたボールも、自分から近づいてつかめるようになります。

このように、やさしい単純な運動から始めて、だんだんと複雑な運動ができるようにしましょう。

運動機能の発達は、脳の発達と密接に関係しています。

ある運動ができるようになるには、脳が命令を出して、その運動に関わっている筋肉を動かさなくてはなりません。そして、筋肉が動いたら、そのときの筋肉の働き具合を改めて脳が認識します。つまり、**脳と筋肉は双方向で密接につながっている**のです。

脳はたくさんの神経細胞からできており、神経細胞同士が突起を出してつながって、複雑な神経回路を形成しています。

この神経回路が、神経で筋肉とつながり、筋肉やその周りの皮膚や関節にあるセンサー（感覚器）とも同じく神経でつながっています。

また、脳の神経回路の配線は、遺伝によって決まっています。

生まれたときの赤ちゃんには、ほとんど個人

差はありませんが、神経回路が使われることによって、その後の脳の働きが大きく違ってくるのです。

訓練や練習で神経細胞が働くと、突起のつながり部分が変化して配線が強くなり、つながっている神経細胞への情報が伝えやすくなります。つまり、神経回路がよく働くようになるのです。

神経細胞のつぎ目の部分は「シナプス」と呼ばれていますが、このシナプスの数が増えれば増えるほど、情報が伝わりやすくなります。

新しい運動ができるということは、その運動を「しなさい」と命令する脳の領域の神経細胞が働き、新しくシナプスが形成されて初めてその筋肉が動くようになるということです。

さらに同じ運動をくり返すことで、神経回路が安定して働くようになり、シナプスも強固になっていきます。

つまり、**運動を実際に行って初めて神経回路がつくられ、その運動をくり返すことでシナプスが強化されて、さらにその運動が上手になる**のです。したがって、**運動を覚えた幼児は、その運動をくり返し練習すれば、どんどん上手になっていきます。**

しかし、一度覚えた運動を、しばらく行わなければ、前より上手にはできません。

その理由は、その運動に関係した神経回路にある神経細胞のシナプスの数が減って、情報が伝わりにくくなるからです。

なお、**運動を阻害する要因として、忘れてはいけないものに肥満**があります。

脂肪が多いと、体の動きが鈍くなり、運動の量が少なくなってきます。そうすると、運動に関係した脳の領域を働かせないことになるので、神経回路の働き方も鈍くなるのです。

手と指を動かす

手の親指に、他の4本の指先を順々に当てていく、〝指当てゲーム〟をしてみましょう。人差し指から小指まで行ったら、また人差し指まで戻ります。右手でも左手でもやってみましょう。4〜5歳児には、ゆっくりやらせましょう。6〜7歳児には、できるだけ速いスピードでやらせてみましょう。

ご両親は、どの指の動きがよくて、どの指の動きが悪いのか注意して見てください。左右のどの指も同じように動かせるのが理想です。

手や指を動かしている脳の場所は、〝運動する〟という意思を発生している前頭前野《ぜんとうぜんや》です。前頭前野が働き、ついで運動野が働いて意思が発生し、指の筋肉に「動かせ」という運動指令を出すことで筋肉が動きます。

右手を動かす運動野は左脳に、左手を動かす運動野は右脳にあり、指ごとに違った場所が働きます。

運動野の神経細胞が働いて「動かせ」という運動指令を出すとき、どれくらいの力をいつ出せばよいかという〝計画〟は前頭前野が行います。その**前頭前野と運動野が働いて、手と指が動く**のです。

一方、脳から指示が出るのとは逆のルートで、親指と他の指がふれ合うなど、皮膚のどこがどのように刺激されたかという感覚情報が、皮膚の表面にあるセンサー（感覚器）から脳へも送られます。

この皮膚感覚の情報は、手の体性感覚野というところ（図1）に伝えられます。体性感覚野

図1 手の感覚を受け取り、運動を起こす大脳の場所

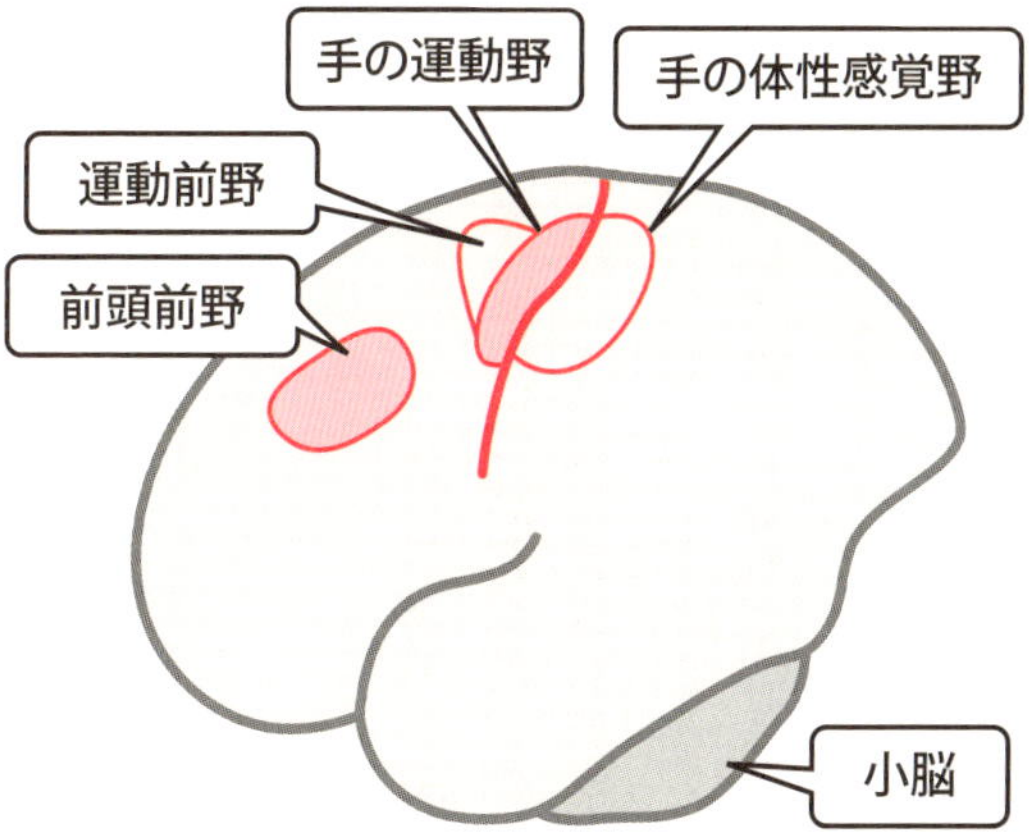

というのは、体の（体性）表面や筋肉から情報を受け取り、どんな刺激がどれくらいの強さで、皮膚や関節や筋肉に加わっているのかを知る大切なところです。体性感覚野の情報は、まず運動野よりも前にある運動前野へ送られて、その後、手を動かす運動野へと送られます。この運動前野は、手や指を上手に器用に動かせるように働いてくれます。

つまり、手や指が感知して脳へ伝わる情報は、再び脳から手や指に情報が伝わる際の手助けをしているのです。

幼児が手の運動を覚えるときには、ゆっくりと正確にできるように、たとえば折り紙や工作などをさせるのがよいでしょう。

そのためには、正しい姿勢で座り、ハサミなどの道具を使うときも、正しい持ち方をするように教えることが大切です。

感覚をみがく

自分の周りの世界の情報をとらえ、それによって自分の体の内部の状態を感じること……これを「感覚」と言います。

感覚には、いわゆる**「五感」（視覚・聴覚・嗅覚・味覚・触覚）の他に、それを感じる5種類の感覚器（目・耳・鼻・舌・皮膚）があるとされていますが、じつはもっとたくさんの感覚があり、それぞれが感覚器を持っています。**

たとえば、温度を感じる感覚がその一つで、「温覚」と「冷覚」があります。痛みも感覚です。皮膚を切った瞬間に感じる鋭い痛みや、鈍くてズキズキと長く感じる痛みもあります。

また、体のバランスを取るために働いている平衡感覚、さらには〝感じない〟感覚として、筋肉の縮み状態を脳に伝える働きをする「筋感覚」というものもあります。

このような感覚はすべて、外の世界からの刺激をそれぞれの感覚器が受け取り、それが神経情報に変えられて脳へ送られ、さらに大脳の特定の場所（感覚野）がそれを受け取って初めて感覚となります。

「感覚をみがく」ということは、「感覚を敏感にする」ということです。

幼児には、なるべく多くの感覚体験をさせましょう。いろいろなものを見て、聞いて、さわって、味わって、嗅《か》いで、外の世界のイメージに対する感覚をみがくことが大切です。

このとき、経験する分には多いほうがいいからと、無原則に経験させては、幼児の頭の中で混乱が起きてしまいます。

たとえば色を覚えていく場合、**まず覚えるのは赤・青・緑で、その次が12色、その次が微妙な中間色**と、経験が増えるにつれて覚える色の数を増やします。初めは大まかな色の違いを感じ取り、微細な差を読み取っていくようになるからです。**どの経験の感覚も同じ原則で、単純なものから複雑なものへと増やしていきます。**

感覚刺激の中でも、痛み刺激は特別に意味があります。痛みは普通、なにもなければ感じないもので、痛みの神経が刺激されると痛みが発生します。たとえば、ケガをして皮膚が切れると痛みます。この痛みは警告信号となり、身をひくことやケガの処置をする際の目安になります。

感覚をみがいて、いろいろな感覚を通して外の世界を知ると同時に、自身についてのイメージを自分でつくっていくことも大切です。**自分の体のイメージは、絵に描かせるとどの程度のイメージができているかわかります。**

2歳ごろの幼児は、手や足を区別して名指しができます。3〜4歳になると、手の一部分（親指、人差し指など）や、顔の一部（鼻・耳・目）、肩、腹などが区別できるようになり、5歳ごろには左右が区別できて、毛・目・耳・あご・指・足先も描けるようになります。ただし、これらは個人差があるので、あくまで参考としてください。

このように、**感覚をみがくにも、脳にできたイメージを表現させることが重要で、しゃべらせることや描かせることが大切**です。

ちなみに、〝感性〟という言葉は、感受性が鋭い、感覚を受容する能力が高いという意味で使われています。

本当に「頭がよい人」とは？

◉なぜ、母国語が話せるの？

20世紀の後半、脳の機能についての研究が進み、脳の働きが環境に影響される事実もいろいろとわかってきました。

たとえば、生まれてから一度も人が話す言葉を聞いたことがない子どもは、言葉を話せるようになりません。また反対に人が話すことを聞いていた子どもは、特別な病気がない限り、生まれた国の言葉を話せるようになります。

このことからわかることは、**脳へ言葉が入力されると、言葉を話せるようになる能力が備わっていく**ということです。ただし、生まれて3〜4歳ごろまでに言葉を聞くことが大切で、それ以上に成長してから初めて言葉を聞かされても、普通の人のように話せるとは限りません。

このように**脳には、言葉に限らず、環境からの刺激を受け入れて、正しく反応する能力が備わっており、この能力は脳に刺激を与えないと、正しく発達していかない**という性質があります。

この原則は、言葉だけでなく、すべての感覚と運動に当てはまります。

◉「頭がよい人」とは？

学校の試験の成績がよい人、もの覚えのよい人は、一般に「頭がよい」と評されます。これは記憶力、理解力が高い人であると言えるでしょうが、**私の考える「頭がよい人」とは、行動をうまく組み立てられる人のことを言います。**

私たちがなにかをする、つまり行動するときには、行動するための目標や解決しなければな

図2 大脳の機能分布図

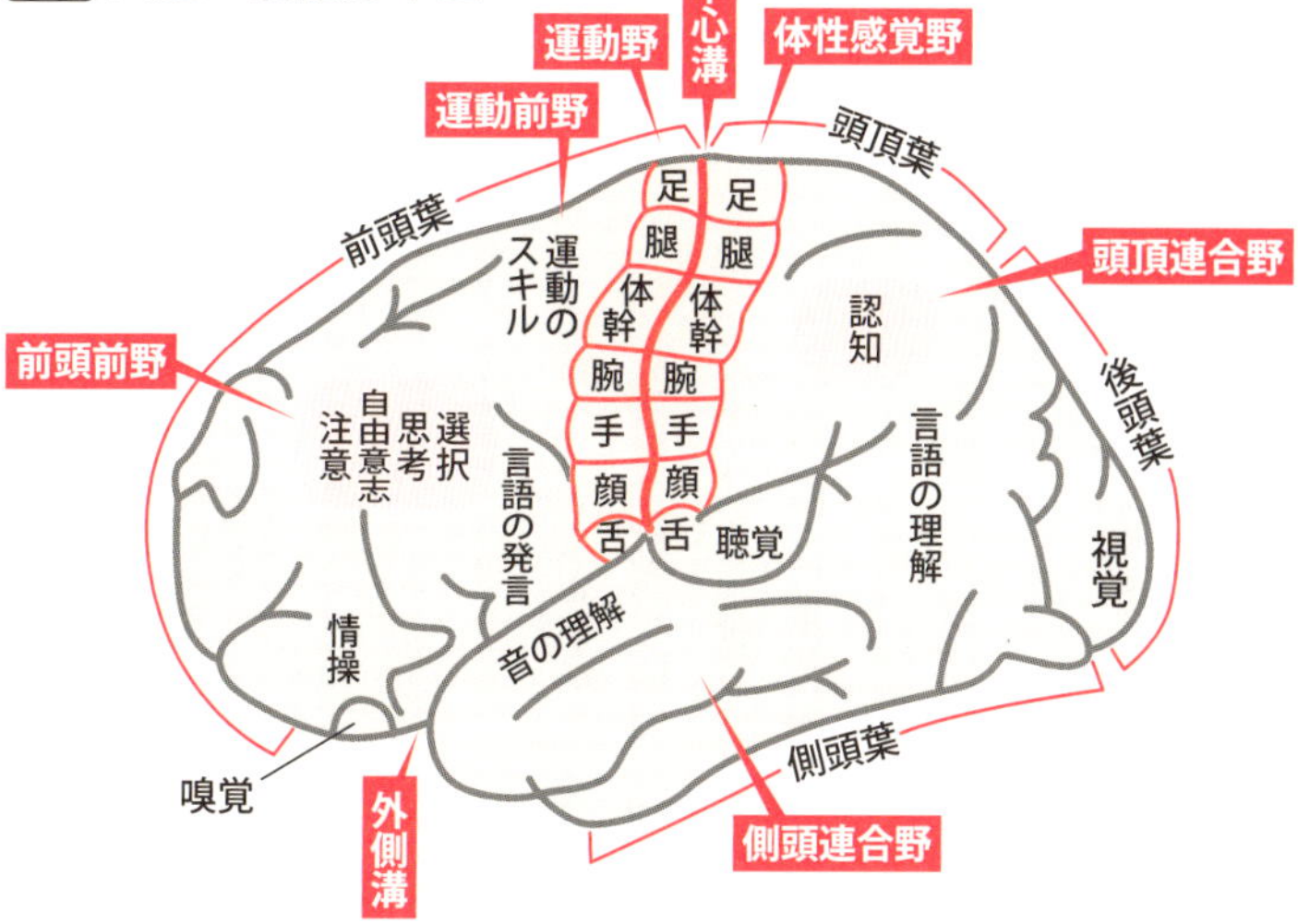

らない問題があります。

問題解決のため、目標に向かって、次々と行う行動を前もってうまく組み立てられ、そのとおりに実行できる人が「頭のよい人」です。

どこかへ遊びに行こうとすれば、なにをどのようにするか順序を無駄なく計画でき、そのとおり実行して、目標達成、問題解決ができる人のことです。急に雨が降ってきて、予定が狂った場合でも、臨機応変に行動が変更でき、結局、目標達成、問題解決ができる人のことです。

うまく行動を組み立てるのに必要なことは、過去に脳の中に記憶していることを、取り出せなければなりません。**過去のことを正しく記憶して、それを取り出して役立てられ、外の世界からの刺激（視覚・聴覚・触覚など）を正しく認識できる人が「頭のよい人」**と言えるのです。

◉「前頭前野」とは？

この働きに関係しているのが、ちょうど額の内側、**脳の前頭葉の前のほうにある「前頭前野」**と呼ばれるところ（前ページ図2）です。人間では大きく発達し、脳の約3分の1を占めています。

前頭前野が働くためには、外からの刺激を受け入れるところ、運動を起こすところ、記憶するところなど、大脳のほとんどすべての場所が関係しています。**「頭のよい人」は脳の回路が機能的につながっており、前頭前野が働いて、行動のコントロールがうまくできます。**

子どもの脳が大きく発達していくとき、大脳のうち外の世界を知る領域（頭頂・側頭連合野）は11～12歳ごろにピークを迎え、前頭前野は10歳ごろに発達のピークを迎えて、ほぼ大人と同じ大きさになります。

◉「前頭前野」の働き①

前頭前野のおもな働きは、なにかをするときに、考えて判断し、運動や行動を組み立てて、それらを最適に選択することです。

次々と行う行動では、時間（タイミング）が重要となり、いつなにをするかを考えて実行することが大切になります。次に起こることを前もって予測できること、ある行動をその時間まで待って実行すること、正確に3分後を予測できることなどは、前頭前野が機能しなければできないことです。

また、**「〝だいたい〟がわかる」ということも前頭前野の重要な働き**です。

たとえば絵本のお話を聞かせたあと、なんの話だったのかをまとめてもらう、といったことがその練習になります。

◉「前頭前野」の働き②

いろいろなものや出来事に対して、興味やなぜだろうという疑問を持ち、それらの関係性を理解することにも前頭前野が働いています。

前頭前野は、注意を集中させる働きもしています。一つのことに熱中して、やり続けることができるのも前頭前野が働いているからです。

注意を集中する能力も練習すれば身につきます。もの探し、遊び、歩くことや走ること、競争など幼児が興味を持ってできるように仕向けることで、その能力を高めることができます。

「頭をよくする」ことは、前頭前野の働きをよくすることですから、**外からの感覚刺激と過去に覚えたことをもとに行動を組み立てることが大切**です。いろいろなことを体験して、失敗したらそれを改めることなどをくり返すことで、前頭前野が働きます。

◉「頭頂連合野」と「側頭連合野」

手や足の皮膚から複雑な感覚を理解すること、皮膚感覚と視覚と聴覚などの複数の感覚をまとめる総合的な働きをしている脳の部分が、「頭頂連合野」です。

また、側頭連合野の前方は、**聞いたもの**を区別したり、記憶したりする働きをする場所です。側頭連合野の後方は、**見たもの**を区別したり、記憶したりします。

この頭頂連合野と側頭連合野を合わせて、「後部連合野」と言いますが、この部分の発達が一番さかんなのは9～11歳ごろです。

よって、**外の世界をいろいろな感覚で知り、総合的に理解することを十分にしなければならない時期は、9～12歳ごろ**と言われています。

生物時計と規則正しい習慣

わが家ではオスの大人のビーグル犬を、生まれた直後から飼っていました。

食餌《しょくじ》は1日1回、午後7時と決めており、毎日午後7時直前になると、催促の鳴き声をあげます。この時間をすぎても与えられないと、大声で吠えます。この声は5分と狂うことがありません。

どうしてそんなに正確に午後7時という時間がわかるのか、不思議に思われるくらいです。

それまでに散歩が多すぎたり、間食したりすると、この時間が少し狂いますが、ほぼ正確に午後7時がわかります。

これは時計を見て時間がわかるのではなく、犬の脳内にある生物時計でわかるのです。

わが家の犬に時間予知能力があるのも、生まれた直後から午後7時に食餌を与え、この時間を守り続けてきたからです。

犬は自分の脳内の生物時計と、外からの手がかりとなる刺激などから、自分の持てる能力を使って総合的に判断し、声を出しているのです。声を出して吠えたら食餌をもらえるからではなく、空腹になってきたことから、食餌時間を察知して声をあげているのです。

犬に限らず、人間も規則正しい生活をすることで、脳や体の働きを健全な状態に保っていけます。地球上の動物はすべて、地球の自転に合わせて生活していますが、人間を含めた哺乳類はそれにうまく適合し、「夜寝て、昼間活動する」生活をするようになったのです。

この昼夜のリズムを決めているのは、脳の視

図3 脳の生物時計と身体の分子時計

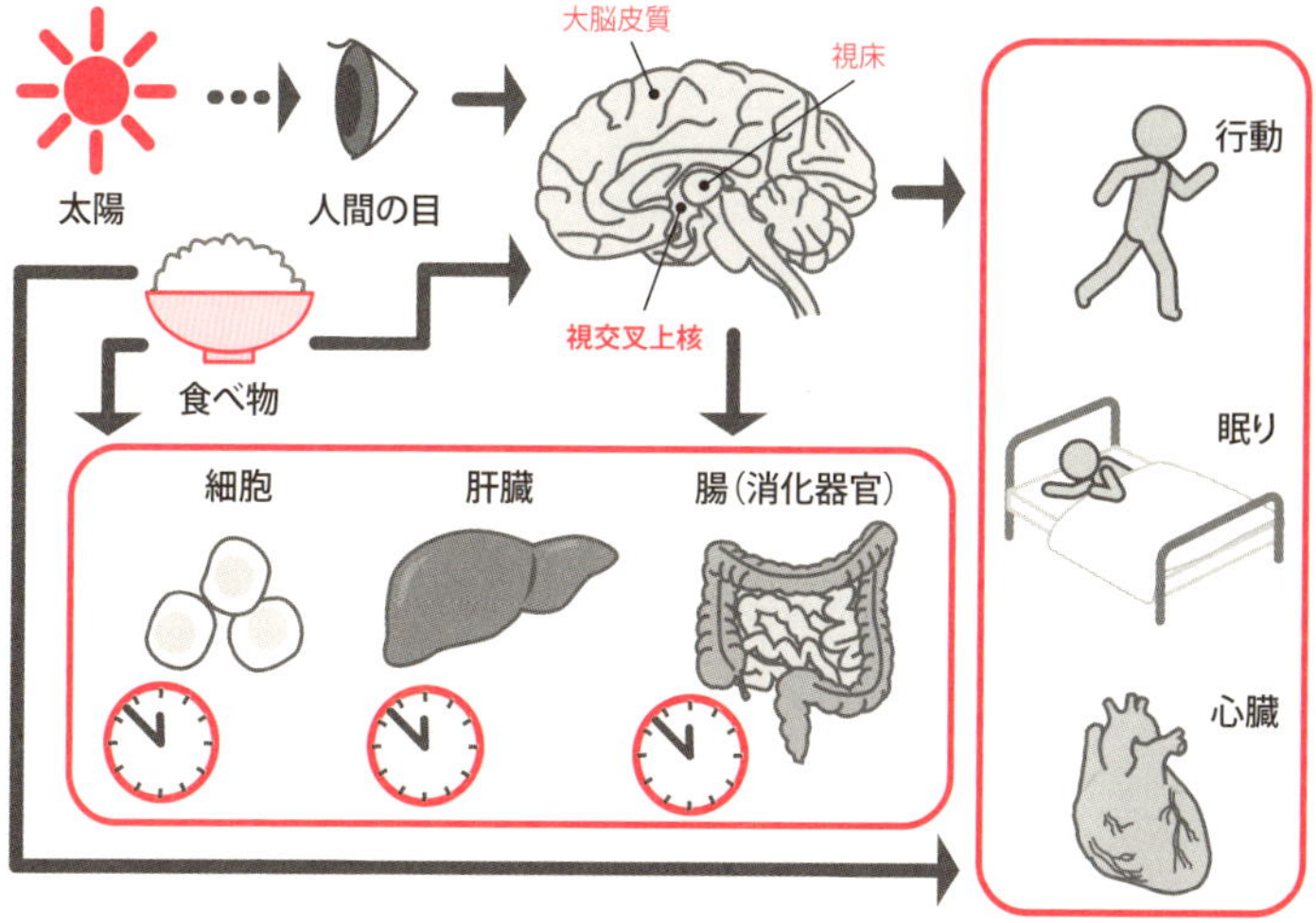

床下部にある視《し》交《こう》叉《さ》上《じょう》核《かく》という神経細胞の集団で、目に光が入ってくると活動が高まり、夜になると活動が低下します。

この活動の周期に合わせて、脳やホルモンの働きが変わるのです。**光の入力に応じて働く視交叉上核は、〝生物時計〟と呼ばれています。**

この生物時計の中に分子時計があって、いくつかの時計遺伝子が働き、リズムを調節します。図3のように、脳と身体はたくさんの部位の分子時計とつながっており、他の細胞やホルモン分泌腺に働いて、眠りと目覚め、行動、心臓、消化腺などがリズムを取ってバランスよく働くようにできているのです。

昼夜のリズムや生活の基本リズムを考えて生活することは、脳と体の健全な発達に欠かせません。**規則正しい生活習慣をつけることが、幼児の脳をはぐくむ前提条件**となるのです。

［著者］

久保田カヨ子（くぼた・かよこ）

1932年、大阪生まれ。

脳科学の権威である京都大学名誉教授・久保田競氏の妻で２人の息子の母。

約30年前に、日本における伝統的な母子相伝の育児法を見直しながら、自身がアメリカ在住時と日本で実践してきた出産・育児経験をもとに、夫・競氏の脳科学理論に裏づけされた、“０歳から働きかける”久保田式育児法〈クボタメソッド〉を確立。この20年で3000人以上の赤ちゃんの脳を活性化させてきた。

テレビなどで「脳科学おばあちゃん」として有名。

2008年、株式会社『脳研工房』を立ち上げ、現在代表取締役。

著書に、累計25万部突破のシリーズ『カヨ子ばあちゃん73の言葉』『カヨ子ばあちゃんの男の子の育て方』『カヨ子ばあちゃんのうちの子さえ賢ければいいんです。』『カヨ子ばあちゃんの子育て日めくり』『赤ちゃん教育――頭のいい子は歩くまでに決まる』（以上、ダイヤモンド社）、『脳科学おばあちゃん久保田カヨ子先生の誕生から歩くまで０～１才 脳を育むふれあい育児』（共著、主婦の友社）、監修に、クラシックCD『カヨ子おばあちゃんの元気なクラシック』（エイベックス）などがある。

ズバッとした物言いのなかに、温かく頼りがいのあるアドバイスが好評。全国からの講演依頼もあとをたたない。

【株式会社脳研工房HP】
http://www.umanma.co.jp/

０歳からみるみる賢くなる55の心得
――脳と心をはぐくむ日本式伝統育児法

2015年11月19日　第１刷発行

著　者――久保田カヨ子
発行所――ダイヤモンド社
〒150-8409　東京都渋谷区神宮前6-12-17
http://www.diamond.co.jp/
電話／03･5778･7234（編集）　03･5778･7240（販売）
装丁――――重原 隆
撮影――――堀内慎祐／著者提供
イラスト――おかべりか
編集協力――阿蘭ヒサコ、石田総業株式会社
本文デザイン――ムーブ（新田由起子）、布施育哉
DTP&製作進行―ダイヤモンド・グラフィック社
印刷――――勇進印刷（本文）・慶昌堂印刷（カバー）
製本――――ブックアート
編集担当――寺田庸二

ISBN 978-4-478-06677-5

特別付録

お母さんも子どもも笑顔になる！

カヨ子ばあちゃんのらくチ～ン！野菜レシピ14

◉離乳食はどうやって与える？

離乳食は、赤ちゃんが親の食べる様子に興味を持ち、親の口元をマネて口を動かしたり、ほしそうな表情を見せ始めたら開始時期です。

一般的には、つぶしがゆから始めて、〝全がゆ〟〝軟飯《なんばん》〟〝ごはん〟ですが、そんなにおかゆにこだわる必要はありません。

お母さんがいつも食べているごはん（お米）をかみ砕いて与えてやってもいいのです。豆腐やお麩《ふ》などやわらかいものでも、お母さんがかみ砕いて食べさせてください。母親の唾液には抗体があり、消化を助ける酵素もあります。口移しの温かみは、味をよくしてくれます。赤ちゃんにまだ歯が生えてなければ、虫歯などはあまり気にしなくていいです。それより、お母さんは〝上等の唾液〟を製造するように、毎日の健康と栄養に気をつけましょう。

ただし、お母さんが抗生物質を飲んでいたり、感染症などの病気にかかっているときには、口移しや母乳は控えたほうがいいでしょう。

どんなものでも、初めて食べるものは朝ごはんのときに与えて、１日様子を見ましょう。

◉同じものを一緒に食べましょう

子どもの毎日の食事の基本は、大人と一緒に同じものを食べることです。「でも大人と同じ味付けでいいの？」と思われるかもしれません。私は塩分などそれほど気にしなくていいと思います。お母さんがおいしいと思う味付けでいいのです。子どもと一緒に食べるのだからちょっと濃いかも、と思うならお母さんが薄味に慣れればいいでしょう。

３歳までの子どもには、「おいしい」「まずい」なんて、まだよくわか

りません。お母さんがおいしそうに食べているものがおいしいものなのです。

子どもに先に食べさせて、自分はあとからササッと食べるというお母さんがいますが、そうではなく、ぜひ一緒に食べてください。一緒に食べることでお箸やスプーンの持ち方など、子どもがマネするようになってきます。〝うまみ〟がわかるのは、〝おふくろの味〟が原点です。

というわけで、ここには「赤ちゃんや子どもしか喜んで食べられない」ような料理は載せていません。

親も子どももおいしく食べられる、野菜を使った料理を簡単にご紹介します。分量はお母さんと子どもの２人前を一応の基準にしました。

材料や調味料などあまり細かく書いてないのは、その家のお母さんがおいしいと思う味付けや分量でつくっていただきたいと思ったからです。

それぞれのご家庭の〝おふくろの味〟をつくるのは、お母さんの仕事です。「小さじ１」などの計量ばかり気にしていると、〝おふくろの味〟は育ちませんよ。それから、香辛料はなるべく使わないでくださいね。

カヨ子のワンポイントアドバイス

和食のダシだけは、できれば3歳くらいまではインスタントの顆粒ダシではなく、きちんと取ってください。そのとき、昆布や煮干しの他に、大根やニンジン、ネギの青い部分など、調理の際に出た根菜類の皮や野菜クズを鍋に入れて一緒にダシを取ります。刺身のツマなどもダシとして活用できるでしょう。ダシがらを取り除いたあと、多少混濁していても、みそ汁には問題ありません。

☆調理：久保田カヨ子＆脳研工房

ワカメほうれん草のみそ汁茶わん蒸し

1

材料

だし汁（昆布）、乾燥ワカメ、ほうれん草、全卵：１個、みそ

つくり方

❶お椀２杯分のみそ汁をつくります。具は乾燥ワカメとほうれん草を使いましたが、もちろん、ご家庭にあるものでかまいません。

❷赤ちゃん用に小さな耐熱の器（湯のみでもOK）に、卵黄半個分と同量のみそ汁を入れて混ぜ、みそ汁のお鍋の中に器ごと入れて再加熱します。

❸余った卵黄半個分と卵白をお鍋に入れ、フタをして火を消し、蒸らします。

❹卵白が半熟になればできあがり。

お母さんは、「卵入りみそ汁」として、赤ちゃんは「野菜エキス入り茶わん蒸し」として、いただきましょう。

カヨ子のワンポイントレッスン

お母さんに卵アレルギーがある場合を除き、赤ちゃんに卵を食べさせるのに、それほど臆病になる必要はありませんが、くれぐれもアレルギー反応には十分注意してください。最初はアレルギー反応が出やすい白身ではなく、黄身だけで試すのがよいでしょう。みそ汁は箸の先につけて、赤ちゃんに箸先を吸わせるようにしてください。

2

パセリバターの猫まんま

材 料

パセリ（三つ葉、ウイキョウ=フェンネル、青じそでもOK）：適量
ごはん：茶わん2杯分
無塩バター：15g程度
かつおぶし／しらす干し：適量
塩・しょうゆ：少々

つくり方

❶パセリはあらかじめ冷凍しておきます。

❷無塩バター、かつおぶし（しらす干し）、冷凍パセリをビニール袋の上から手でもみ、粉々にしたものを、アツアツごはんに混ぜます。

❸お好みで、しょうゆをたらすか、塩を少し振ればできあがり。

バターは特に乳幼児には大切な食べ物です。無塩バターを常備しておくといいですね。

カヨ子のワンポイントレッスン

パセリや三つ葉は冷凍することでにおいが消えて、子どもでも食べやすくなります。それに、手でもむだけで小さくなるので、切る手間も省けます。アツアツごはんにそのまま混ぜれば、適度にごはんを冷ます効果もあり、猫舌の子どもでも食べやすくなります。

たたきごぼうとニンジン　3

歯が１本でも生えたら、〝かみかみ練習〟をします。そこでおすすめなのがこの料理です。

材料

ごぼう：中細２本（赤ちゃんが持ちやすいよう、細いもの。太い場合は半分に切る）、ニンジン：１本（赤ちゃんが持ちやすいよう、スティック状に切る）
酢・塩：適量

つくり方

❶ごぼうとニンジンは、７～10cmくらいの長さに切りそろえます。

❷水を入れた鍋に、酢と塩を入れます（500mlの水に酢大さじ１、塩小さじ１程度の割合）。

❸ ❷の鍋に、ごぼうとニンジンを入れて、水からゆでます。

❹やわらかくなったら火を止め、ザルにあげます。

❺粗熱が取れたら、それぞれのスティックの上半分を包丁の背や麺棒などで軽くたたき、先を割っておきます。下半分は持ち手になるのでたたきません。

子どもにはそのまま手で持たせて、〝かみかみ練習〟をさせます。お母さんは、もろみみそやめんつゆをかけたりして食べてはいかがでしょうか。

4

野菜のゼリー寄せ

材料

コンソメスープ、ゼラチン、色とりどりの野菜（カイワレ大根、白菜、小松菜、ニンジン、ひげ根を取ったもやし、パプリカ、ブロッコリーの芯、グリーンアスパラの茎など）

つくり方

❶コンソメスープ（市販のコンソメキューブをパッケージに記載された分量の湯で溶かしたものでOK）に、適量のゼラチン（これもパッケージに書かれた分量を参考に）を入れて溶かします。

❷❶を透明ガラスの容器に３分の２程度入れて、冷まします。

❸その間に野菜類をできるだけ薄く、細長く切っておきます。

❹ニンジンや白菜、もやしなどは、軽くゆでておきます。

❺❷に野菜を入れて、上から残りのゼリー液を入れます。

❻冷蔵庫で冷やし、固まったらできあがり。

少し固めのゼリーのほうが口あたりがよくておすすめです。ハムやソーセージを細長く切って入れてもおいしいです。

青じそのパリパリせんべい　5

材料

青じその葉（なるべく大きめのものをほしい分だけ用意する）、天ぷら粉、粉末ダシ、塩：少々、天ぷら用油

つくり方

❶天ぷら粉に粉末ダシ、塩少々、水を加えて少し固めの衣をつくります。

❷青じその葉の裏側（少し毛羽立ったほう）に❶の衣をつけて、衣側を下にして油に入れて揚げます。

❸少し焦げ色がついたらできあがり。

ちょっと冷めたら、手で持ってパリパリと食べられます。

6 吹き寄せごはん

これ以降のレシピは、スプーンが使える1歳ごろからOKです。

材料

（3～4人分）
お米：3合、全卵：2個、青じそ：10枚程度、三つ葉：1束、ジャコ：50g程度、たくあん：直径5cmくらいのもの、めんつゆ（市販のもの）：適量、レモン（かぼす）：適量、刻み海苔、大人のみ好みで紅ショウガ

つくり方

❶たくあんをみじん切りにします（薄く輪切り→千切り→さらにみじん切り）。

❷めんつゆに、❶を3時間～1日漬け込みます。

❸野菜は細く刻んでおきます。卵は塩、みりんなど、お好みで味付けをして、炒り卵にします。

❹炊きたてごはんに、漬けておいたみじん切りたくあんを混ぜ込み、大皿に盛りつけます。

❺三つ葉、ジャコ、青じそも混ぜ入れます。レモンやかぼすの汁をかけてもいいでしょう。すし酢でもかまいません。

❻一番上に炒り卵、刻み海苔、好みで紅ショウガを載せ、いただく直前に全体を混ぜて、お皿に取り分けます。あなご、干しえび、かつおぶしを入れてもおいしいです。

カヨ子のワンポイントレッスン

〝吹き寄せ〟とは、色とりどりの木の葉が風で1か所に吹き寄せられたさま、のことを言います。細かく切ったさまざまな色の食材が入っているといいですね。たくあんは、味の決め手になりますので、必ず入れてください。

シュウマイ入りピーマン

7

材料

ピーマン、パプリカ（赤、黄）、シュウマイ（市販のもの）、ソーセージ、小麦粉、油

つくり方

❶ピーマンとパプリカはヘタを取り、輪切りにして種を抜いておきます。

❷市販のシュウマイは常温にして、フォークの背などでつぶします。軽く電子レンジで温めると、つぶしやすいです。

❸ソーセージをみじん切りにして、つぶしたシュウマイと混ぜます。フードプロセッサーを使うと、らくです。

❹ピーマンとパプリカの内側に小麦粉をつけて、中に❸を詰めます。

❺フライパンに油を引いて、両面をほどよく焼けばできあがり。

ピーマンの代わりに
ズッキーニの中を
くり抜いても good！

8

干しキュウリの白和え

材料

キュウリ：1本、豆腐：半丁、砂糖：小さじ2（ガムシロップやグラニュー糖でもOK）、塩：少々

つくり方

❶キュウリを薄くスライスし、ザルに広げて天日干しします。色が白くなり、チリチリになるまで、夏の晴天時で2～3時間くらいです。

❷豆腐はつぶして裏ごしし、クリーム状にします。

❸ ❷を砂糖、塩で味付けし、和え衣をつくります。

❹干しキュウリを❸に混ぜたらできあがり。

和え衣の豆腐は、塩と砂糖ではなく、みそとみりんで味付けをしてもOK。色がさびしいようなら、みじん切りにしたニンジンをレンジで1分加熱して、一緒に混ぜるといいでしょう。

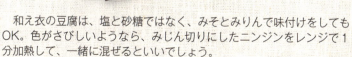

ポテトのお好み焼き＆そうめんパスタ

9

材料

ジャガイモ：大１個、全卵：２個（ジャガイモが小さければ１個でもOK）、青ネギ５本程度またはタマネギのみじん切り２分の１個、焼鮭をフレーク状にほぐしたもの（ツナや市販の鮭フレークでもOK）、そうめん：１束、マヨネーズとケチャップ：適量、油、小麦粉

つくり方

❶ジャガイモはすり下ろします。

❷ ❶と他の材料を混ぜ合わせます。ゆるいようなら、小麦粉を入れて調整してください。

❸油大さじ１を引いたフライパンに、❷をおせんべいくらいの大きさに丸く落とし、両面を焼きます。

❹つけ合わせのそうめんパスタは、みそ汁をつくるなら、その鍋で一緒にそうめん１束を固ゆでしておき（みそを入れる前のダシ汁でゆでておく）、ポテトのお好み焼きを焼いたあとのフライパンに入れて炒めます。残り野菜を入れ、マヨネーズとケチャップで味付けします。

ジャガイモ生地には、脱脂粉乳、パルメザンチーズ、青海苔を入れてもおいしいです。牡蛎《かき》を入れると、豪華な一品に。

10 セロリのチーズスティック

材料

セロリ：1本、カマンベールチーズ：適量

つくり方

❶セロリは、茎の表にある太い繊維を取り除きます。

❷セロリのくぼみの中に、カマンベールチーズを練り込んで入れます。

❸カマンベールチーズを入れたほうのみ、フライパンで焼いたらできあがり。

カマンベールチーズがなければ、他のチーズでもいいでしょう。

私が一生懸命つくりました！

キュウリそうめん

11

材 料

そうめん：1束、キュウリ：1本、めんつゆ（市販のもの）、ニンジン・ネギ：適量

つくり方

❶そうめんをゆでます。

❷キュウリをそうめんのように細く千切りにします。

❸彩《いろど》りに、ニンジンやネギがあれば、小さく切って入れます。

私の家の庭で採れた草花です！

12

フライドポテトサラダ

材料

ポテトサラダ（市販のものでOK）：50g、カマンベールチーズ：お好きなだけ、完熟トマト：1個

つくり方

❶トマトは、ヘタのついたほうをフタにできるよう切り離します。

❷ ❶の中身をスプーンなどで取り除きます。

❸ ❷にポテトサラダを押し込むように盛りつけて、上にカマンベールチーズを載せます。

❹フライパンで焼くか、アルミホイルに載せて上を開けて包み、オーブントースターでチーズが溶けるまで焼いてください。

❺トマトのフタを添えてできあがり。

アルミホイルにバター5gを入れて焼くと、さらに子どもの喜ぶ味になります。

スイカとポテトのサラダ 13

材料

スイカの皮：お好きなだけ、ポテトサラダ（市販のものでOK）：お好きなだけ、塩：少々

つくり方

❶スイカの一番外側の皮（緑の部分）をそぎ切りにします。

❷赤い身が少し残ったところを薄く短冊切りにします。緑の皮は細い千切りにして、軽く塩を振っておきます。

❸ ❷を冷たくしてお皿に盛りつけ、その上にポテトサラダを載せたらできあがり。

緑の部分をそぎ取ったスイカの皮の上に盛りつけてみました

14

スイカの皮でコンポート

材料

スイカの皮、白砂糖：100～150g、水（ひたひたにかぶる程度）、アイスクリーム：適量、生クリーム：適量

つくり方

❶スイカの一番外側の皮（緑の部分）をそぎ切りにして取り除きます。

❷赤い身が少し残ったところを、幅2cm、長さ3cmほどに切ります。

❸白砂糖を入れた水で、❷を透明感が出るまで煮て、冷まします。

❹形よく盛って、アイスクリームや生クリームなどがあれば、少し飾ってできあがり。

ビン詰めにして冷蔵庫に入れておくと、1週間くらい持ちます。スイカではなく冬瓜《とうがん》でつくってもおいしいです。

庭で採れたビワの砂糖煮を一緒に盛りつけました

誰にだって、好きなもんと嫌いなもんはある。だけど、嫌いなもんでも、ある程度食べられるようにしてやるのが親の役目や